DU OCH JAG TILLSAMMANS

Du och Jag tillsammans

Bygg djupare intimitet känslomässigt, fysiskt och andligt.

MARIE & ANDREAS SKOGVARD

Inzikt

Copyright © 2023 by Marie & Andreas Skogvard

All rights reserved. No part of this book may be reproduced in any manner whatsoever without written permission except in the case of brief quotations embodied in critical articles and reviews.

First Printing, 2023

Cover design by Andreas Skogvard

ISBN: 978-91-527-5148-0

Acknowledgements
Unless otherwise indicated, Scripture quotations are from the Svenska Folkbibelns bible translation, Copyright © Gamla testamentet 1998, 2015 Stiftelsen Svenska Folkbibeln, Stockholm. Nya testamentet © 1996, 1998, 2015, Stiftelsen Svenska Folkbibeln, Stockholm, och Stiftelsen Biblicum, Ljungby. Used by permission.

Disclaimer Notice:
Please note the information contained within this book is for educational and entertainment purposes only. Although the author and publisher have made every effort to ensure that the information in this book was correct at press time, the author and publisher do not assume and hereby disclaim any liability to any party for any loss, damage, or disruption caused by errors or omissions, whether such errors or omissions result from negligence, accident, or any other cause which are incurred as a result of the use of information contained within this book. You understand that this book is not intended as a substitute for consultation with a licensed medical, educational or counsellor professional. Use of this book implies your acceptance of this disclaimer.

Because of the rate with which conditions change, the author and publisher reserve the right to alter and update the information contained herein on the new conditions whenever they see applicable.

CONTENTS

INTRODUKTION   vii

1. EN BÄTTRE FRAMTID   1
2. SÄG DET PÅ RÄTT SÄTT   20
3. RED UT DET   35
4. BYGG LÅNGSIKTIGT   54
5. ANDLIG ENHET   80
6. NYCKELN TILL INTIMITET   105
7. ROMANTIK OCH SEX   133

8	ALLT MITT ÄR DITT	146
9	HÅLL KURSEN	161

EPILOG 171
REFERENSER 173

INTRODUKTION

Du håller en relationsbok i din hand som har körsbär på omslaget. Vad har körsbär med relationer att göra? Körsbär har behagat smaklökarna hos matälskare i flera århundraden. Med sin rubinröda färg och syrliga smak vann körsbär en plats på borden för romerska erövrare, grekiska medborgare och kinesiska adelsmän och kom så småningom till oss uppe i norr. Bokens omslag pryds av två röda körsbär som sitter ihop i stjälkarna. Körsbär har kommit att bli något alldeles speciellt i vår relation. De har blivit en symbol för att vi hör ihop – det började som emojis i textmeddelanden som skickades mellan oss och kom att betyda "du och jag, vi hör ihop" eller "jag är glad att du och jag hör ihop".

Bibeln talar om mannen och kvinnan som två olika individer, men att de blir ett i äktenskapet. Körsbären på omslaget representerar därför mannen och kvinnan som två enskilda individer, men som ändå hör ihop och delar livet genom äktenskapet. Så länge körsbären sitter samman i stjälken och är sammankopplade med rotsystemet (Gud) så förblir de sunda och söta körsbär. Körsbär innehåller ett antal nyttiga näringsämnen. Det sägs också skydda hjärtat, minska risken för inflammation och förbättra sömnen. Det finns studier som visar att lyckliga och tillfredsställande äktenskap har liknande effekter.

Har vi inte alla en längtan efter lycka och tillfredsställelse i äktenskapet? Drömmer vi inte om en kärleksfull relation fylld med omsorg, tillgivenhet, intimitet, förståelse, humor, enhet och andlig gemenskap? Ändå är det så många gifta par som kämpar och är olyckliga i sin relation. Äktenskap kan vara en av de största välsignelserna eller en av de värsta mardrömmarna i livet. Varför börjar så många par sin resa i ett kärleksrus, men slutar en tid senare i en kraschlandning? Vi lever i en tid där många hellre väljer att ge upp sitt äktenskap än att kämpa och försöka rädda det. Andra kämpar för att hålla ihop sitt äktenskap, men relationer är inte alltid så enkelt - det kan vara väldigt komplext ibland. Din partner kan vara svårt sjuk, utbränd, deprimerad etc. och det kan göra det väldigt utmanande. Vi hävdar alltså inte att det är enkelt - tvärtom så är det här med relationer kanske bland det svåraste som finns, och det finns många anledningar till att äktenskap spricker. Dessa tre anledningar tror vi är bland de vanligaste:

Brist på kunskap

När du lär dig att köra bil behöver du ta körlektioner, studera teori och genomgå skriftliga prov innan körkortet kan bli ditt. Men de flesta par som ingår äktenskap har inte investerat tid att förbereda sig för vad som komma skall. De är kära och hoppas på det bästa. Men det är mycket fördelaktigt att förbereda sig inför den livslånga resa som ett äktenskap innebär. Förberedelser kan bestå av att man till exempel läser böcker om äktenskapet, träffar en pastor eller mentor för att ställa frågor och få råd, eller gå en kurs i hur man kan kommunicera effektivt, möta varandras behov eller hantera konflikter. Att träffa andra gifta par som man ser upp till och som kan dela med sig av vad de lärt sig kan vara mycket värdefullt. Ofta har människor en begränsad kunskap om vad de kan förvänta sig i ett äktenskap. Många spenderar vanligen betydligt mer tid på själva bröllopet med saker såsom att inhandla bröllopsklänning, välja ringar, fixa inbjudningar och arrangera bröllopsfest. Dessa saker är givetvis viktiga, men vi tror att nygifta par skulle bespara sig en hel del problem om de förberedde sig bättre genom att inhämta kunskap från de som gått före.

Brist på investering

Ett lyckligt och harmoniskt äktenskap handlar inte om tur; det krävs arbete, kreativitet, skicklighet, övning och tålamod. Bibeln talar om att det du sår kommer du också att skörda (Galaterbrevet 6:7). När du sår in i ditt äktenskap genom att investera tid och kärleksfulla handlingar i det så kommer du förr eller senare sannolikt att se resultat och börja skörda det du sått. Det finns alltid en orsak och verkan av våra handlingar eller brist på dessa. En blomma behöver vattnas och vårdas. Lämnas blomman åt sig själv så dör den. Äktenskapet fungerar på samma sätt. Om relationen inte vårdas så kommer den till slut att dö. Det är ofta det som hänt när gifta par uttrycker att de glidit ifrån varandra och att kärleken tagit slut - man har inte vårdat sitt äktenskap genom att investera tid och kärlek i det. Att investera i sitt äktenskap har stor betydelse. Genom att läsa den här boken investerar du i ditt äktenskap, och det kommer med stor sannolikhet att ge resultat när det du läser tillämpas i det vardagliga livet.

Brist på Gud i centrum

När både man och fru sätter Gud i centrum skapas de bästa förutsättningarna för att bygga ett starkt och lyckligt äktenskap. Under de många år som vi arbetat med äktenskapsrådgivning i både Asien och Europa så har vi ofta mött en gemensam nämnare hos en stor andel kristna par vi träffat: de ber inte tillsammans. De kanske går i kyrkan och ber med andra i smågrupper, men som gift par har de inget gemensamt andligt liv. Låt oss säga dig att detta är nog den faktor som mest påverkar ditt äktenskap. När livets stormar kommer mot er – när ett barn blir svårt sjukt, när ekonomin brakar, när sexlivet möter utmaningar eller när det känns som att kärleken nästan tagit slut – då har vi kristna en oerhörd välsignelse i att komma till Herren som lovat att vara med oss alla dagar. I Hebreerbrevet 4:16 stå det: *"Låt oss därför frimodigt träda fram till nådens tron för att få förbarmande och nåd i den stund då vi behöver hjälp."* Predikaren 4:12: *"Där en blir övermannad kan två stå emot. Och en tretvinnad tråd brister inte så lätt."* **När ni ser varandra som ett andligt team genom livets olika faser så har ni alla odds att övervinna svårigheter tillsammans.** Bibeln pratar om att *"...mitt i allt detta vinner vi en överväldigande seger"* (Romarbrevet 8:37). Ni som ett gift par kan göra något som bara troende kan, och det är att låta den tredje tråden flätas samman med era två, så att det inte spelar någon roll hur mycket man drar i den eller tynger den - den går inte sönder. Det är det som sker när ett gift par flätar in Guds tråd, dvs. sätter Gud i centrum i sin gemenskap. Då finns det inga stormar som kan bryta sönder äktenskapet. Vi tror att kunskap om äktenskapet, investering i det och att Gud får en central plats i er relation är nyckelfaktorer som minimerar risken för äktenskaplig kollaps. Dessa är förutsättningar för att kunna bygga ett starkt och lyckligt äktenskap.

Om du tänker efter så består ditt liv till stor del av de relationer du har. Relationer är det som verkligen betyder något i livet. I den här boken tar vi upp vanliga problem som gifta par möter. Även om vi är medvetna om komplexiteten i vissa äktenskap så tror vi att ni kommer att börja se stora förändringar i er relation och bygga något som består om ni börjar tillämpa principerna i den här boken. Det är ju det som Gud tänkt, "tills döden skiljer oss åt". Oavsett vart ni befinner er i er relation idag så är det möjligt att ni två, tillsammans, kan bygga ett härligt, lyckligt och meningsfullt äktenskap!

| 1 |

EN BÄTTRE FRAMTID

All förändring börjar med ett beslut

Förändringar är en del av livet. Omständigheter förändras och människor förändras. Ibland kan vi påverka de förändringar som sker och ibland inte. Många, kanske de flesta av oss, drömmer om att förändras på något sätt, men kanske är det också så att att vi tvekar eftersom vi tänker på de ansträngningar som kommer att krävas av oss. Och visst krävs det vissa ansträngningar från vår sida, men när vi väljer att leva med Gud i vardagen så hjälper Han oss att förändras. I Romarbrevet 12:2 skriver Paulus: *"Och anpassa er inte efter den här världen, utan låt er förvandlas genom förnyelsen av ert sinne så att ni kan pröva vad som är Guds vilja: det som är gott och fullkomligt och behagar honom."* Ibland bär vi på negativa tankar om oss själva, till exempel att vi är dåliga eller hopplösa, och kanske tänker vi att det alltid kommer vara så. Men Paulus håller inte med. Han skriver "låt er förvandlas...". Gud vill att vi ska förvandlas och förändras, och Han vill göra det med vårt samtycke. Gud uppmanar oss att förnya vårt sinne, och det är här som förändring börjar - med ett beslut att förnyas i sina tankar. Denna förnyelseprocess i tankarna är avgörande för andlig tillväxt och mognad.

HUR SKA VI FÖRÄNDRAS?

I Filipperbrevet 2:5 står det: *"Var så till sinnes som Kristus Jesus var"*. Evangelierna vittnar om vem Jesus var och vad Han gjorde. Du och jag är kallade till Kristuslikhet - att vara lika Jesus i allt - i kärlek, tålamod, tal, tro, glädje, frid och kraft! Jesus säger i Johannesevangeliet 13:34: *"Ett nytt bud ger jag er: att ni ska älska varandra. Så som jag har älskat er ska också ni älska varandra"*. Paulus skriver i Efesierbrevet 5:2: *"Och lev i kärlek, så som Kristus har älskat oss och utgett sig själv för oss som en offergåva, ett väldoftande offer åt Gud"*. **Jesus är vår förebild!** Gud vill låta våra tankar förnyas av sitt Ord och låta kärleken från Jesus fylla och förändra oss så att Gud blir synlig genom oss. *"Om ni har kärlek till varandra ska alla förstå att ni är mina lärjungar"* (Johannesevangeliet 13:35).

DIN FÖRÄNDRING KAN SPORRA ER FÖRÄNDRING

Det finns många sätt som människor väljer att leva sina liv på. En del sätt är mindre bra, men det är aldrig för sent att göra förändringar. Det kan tyckas bekvämt att bara låta livet rulla på. Vi har nämligen en tendens att fastna i gamla hjulspår. Men kanske du har kommit till ett vägskäl där du vill se förändring? När du fattar beslutet att du vill förändring i ditt eget liv och börjar jobba mot det målet så kommer du inse att förändring ofta börjar ske i andra runtomkring dig också. Det snabbaste sättet till förändring i äktenskapet är alltså att börja med sig själv.

LÅT FÖRÄNDRINGENS VIND BLÅSA I DINA TANKAR

Att förnya sina tankar innebär att negativa och improduktiva tankemönster ersätts med positiva och upplyftande. Lögner ersätts med sanning.

Ta tag i tankar av rädsla. Fruktan ställer till problem. Den är som en dimma som gör att du inte kan se klart. Människofruktans ande smyger omkring och fångar människor och får dem att bli improduktiva. Sanningen är att Guds kärlek driver ut all rädsla. Ta tag i tankar av jämförelse, prestation, skuld och avundsjuka. Gå med dem till Jesus. Bekänn dem och be om hjälp att förnya ditt sinne. **Vad än du kämpar med i ditt tankeliv så kan du få seger!** I 2 Korinterbrevet 10:4-5 står det: *"För även om vi lever i världen, strider vi inte på världens sätt. Vapnen vi strider med är inte köttsliga utan har kraft från Gud att bryta ner fästen. Ja, vi bryter ner tankebyggnader och allt högt som reser sig mot kunskapen om Gud. Vi gör varje tanke till en lydig fånge hos Kristus."*

Hur förnyar vi då våra tankar? Det första sättet är genom bön. I Psalm 51:10 ber David: *"Skapa i mig, Gud, ett rent hjärta och ge mig på nytt en frimodig ande"*. Vi behöver inse att vi behöver hjälp att förändra och förnya våra negativa tankar. Be till Herren att Han ska hjälpa dig att förnya ditt sinne i enlighet med Hans sanning. Det andra sättet är genom bibelläsning. I Hebreerbrevet 4:12 står det: *"Guds ord är levande och verksamt. Det är skarpare än något tveeggat svärd och genomtränger tills det skiljer själ och ande, led och märg, och det dömer över hjärtats uppsåt och tankar"*. När vi läser och mediterar på Guds Ord och med ett öppet hjärta låter Anden visa oss sanningen så blir våra tankar förnyade. Guds Ord är som en spegel - den visar oss vad vi är och vad vi kan bli. Guds Ord är sanning - den visar oss sanningen om Gud, livet, framtiden och oss själva. Det tredje sättet att förnya våra tankar är genom bra gemenskap. Den som umgås med visa blir vis (Ordspråksboken 13:20). Det är här som den kristna gemenskapen blir så viktig. Hebreerbrevet 10:24: *"Låt oss ge akt på varandra och sporra varandra till kärlek och goda gärningar"*. När vi umgås med härligt andefyllda människor så sporras vi till förändring i våra tankar, attityder och handlingar!

ALLT ÄR MÖJLIGT FÖR GUD

Den första förutsättningen för förändring i alla sammanhang är att det finns en *vilja* att förändra eller förändras. Om det finns en vilja till förändring blir det lättare att fatta ett beslut om att göra det. Och **om det finns en vilja finns det ett sätt**. Ett äktenskap kan förbättras i den utsträckning båda parter är villiga att ändra det som behövs. Och kom ihåg att allt är möjligt för Gud! En vanlig anledning till att människor och deras relationer inte förändras är att de inte har bestämt sig för att göra det - kanske för att de inte är övertygade om att en förändring behövs eller för att de inte är villiga att betala priset för förändring. Förändringsprocesser brukar ta både tid och energi eftersom nya attityder, vanor och rutiner ofta behöver etableras. "Du och jag tillsammans" handlar om just detta - att du och din partner, med Guds hjälp, kan bringa positiv förändring till ert äktenskap så att den blir en av de största välsignelserna som finns på jorden! Men först några ord till dig som inte gift dig än.

LÅT STORA BESLUT TA LITE TID

För att minimera risken med allvarliga problem i ett framtida äktenskap så kan det vara fördelaktigt att låta stora beslut ta lite tid, i det här fallet beslutet vem du ska gifta dig med. Gud vill leda dig när det gäller att hitta en lämplig livskamrat. När du hittat en person som du fattat tycke för och börjar umgås mer med, är det viktigt att du tar god tid på dig. Ställ dig gärna frågan om det finns potential att relationen handlar om sann kärlek som kan leda till ett livslångt äktenskap eller om det sannolikt är en förälskelse som snart kommer ta slut. Det är bra att träffa varandra i olika sammanhang - att se personen tillsammans med sina föräldrar, vänner etc. Det är också bra att prata igenom saker och ingående lära känna varandra. När Andreas och jag (Marie) började fatta tycke för varandra så spenderade vi åtskilliga timmar för att diskutera allt möjligt. Det var som att "känna varandra på pulsen". Vi diskuterade allt ifrån tro och politik till abort och barnuppfostran. Om det är så att de mest grundläggande värderingarna i livet skiljer sig för mycket åt så är det viktigt att utvärdera om man verkligen ska gå vidare till giftermål. Vad är viktigt för dig? Vad är viktigt för din partner? Har ni samma mål i livet? Kommer det att fungera? Är det här en person du vill leva resten av livet med? Båda parter behöver ha en övertygelse om att äktenskapet kommer vara livet ut. Att bara vara kär räcker inte.

VAD ÄR ETT KRISTET ÄKTENSKAP?

Något förenklat är äktenskapet ett heligt förbund mellan en man och en kvinna som lovat varandra trohet tills döden skiljer dem åt (1 Moseboken 2:24). Äktenskapet är den första institutionen som Gud instiftade och en av Guds ordningar. Det likställs ofta med Guds relation till församlingen. Det skedde innan människan föll i synd och innan Guds plan för återlösning började. Äktenskapet mellan man och kvinna är Guds tanke för hela mänskligheten - troende som otroende, om du inte har en kallelse att leva i celibat eller väljer att leva ensam.

Ett kristet äktenskap är en total, ovillkorlig överlåtelse mellan en man och en kvinna. Gud väntar sig total överlåtelse på alla livets områden: andligt, emotionellt, intellektuellt, fysiskt och finansiellt. Guds plan för äktenskapet gäller för hela livet. 1 Mosebok 2:24: *"Därför ska en man lämna sin far och sin mor och hålla sig till sin hustru och de ska bli ett kött".* Detta innebär att äktenskapet är en ny enhet. Du lämnar din barn-föräldrarelation för din nya relation mellan dig och din partner. Nu är din prioritet den nya relationen med din man/fru och inte den gamla med dina föräldrar.

Äktenskapet är enligt Guds Ord den enda formen för samlevnad. **Det kristna äktenskapet bygger på förbundstanken och den sanna, självutgivande kärleken.** När kärleken upplevs sina i relationen så får man luta sig tillbaka på förbundet som ingåtts genom äktenskapet. Känslor av kärlek går upp och ner men förbundet är konstant. Och som en perfekt komplettering bör här nämnas vikten av beslut. När känslan av kärlek gentemot din partner inte är stark, då behöver du stå på beslutet att vara trogen tills döden skiljer er åt. Ni fattade ett beslut då ni gifte er som gäller i med- och motgång, och då är det beslutet ni får stå på under motgångar. Du och jag behöver inte äktenskapet för att bli frälsta. Det är inte heller en välsignelse enbart för troende personer. Det är därför du kan se många otroende ha fantastiska äktenskap och relationer. Kung Salomon (som inte var lyckligt gift) insåg det och skrev:

Predikaren 9:9: *"Njut livet med en kvinna som du älskar, alla dagar i ditt förgängliga liv som Gud ger dig under solen, alla dina förgängliga dagar. För det är din lott i livet och mödan som du har under solen."*

För Salomon var ett härligt äktenskap den enda "himlen på jorden" en otroende kan uppleva. Att följa Guds ordningar medför alltid en välsignelse. Som vi nämnt tidigare så är äktenskapen en av dem.

Det kristna äktenskapet är två personer som blir ett kött, ett skapande av en enhet beroende av varandra, tillika två olika individer. Det är som två körsbär som sitter ihop men är två separata bär. Den ena är inte förmer än den andra, men båda kompletterar varandra. Här har det ibland gått lite fel när man läser 1 Moseboken 2:18 *"Herren Gud sade: "Det är inte bra att mannen är ensam. Jag ska göra en medhjälpare åt honom, en som är hans like".* Den här bibelversen har ibland missförståtts och skapat en hel del förvirring. Det handlar inte om att kvinnan var skapad att vara ett objekt för mannen. Inte heller betyder det att kvinnan ska vara en betjänt till mannen eller att hon har ett mindre värde. Bibelversen talar om kvinnan som ska vara mannens like. I den engelska översättningen står det "comparable", det vill säga jämförbar med honom. I Galaterbrevet 3:28 står det: *"Här är inte jude eller grek, slav eller fri, man och kvinna. Alla är ni ett i Kristus Jesus."* Så män är inte bättre än kvinnor eller mer viktiga än kvinnor i Guds ögon. Både man och kvinna har samma värde inför Honom. Vad betyder det då att kvinnan är mannens medhjälpare? Det innebär att Adam och Eva nu skulle utföra Guds uppdrag tillsammans. Detta summerar väldigt bra vad det kristna äktenskapet handlar om: att i kärlek och enhet tjäna Gud och utföra hans uppdrag tillsammans.

"Eve was not taken out of Adam's head to rule over him
Out of his feet to be trampled on by him
But out of his side to be equal with him
Under his arm to be protected by him

And near his heart to be loved by him"
/Saint Augustine

VAD ÄR KÄRLEK?

När ett par gifter sig är det Guds tanke att den självutgivande kärleken ska vara i centrum. Kan kärlek beskrivas på ett enkelt sätt? Jag vet inte hur det är för dig men för mig (Andreas) fanns det en tid då jag undrade vad kärlek egentligen var. Jag minns den första gången jag fick frågan av tjejen jag träffade (som senare blev min fru) om jag älskade henne. Mitt svar till henne var: "Jag vet inte, för jag är inte säker på vad kärlek är." De flesta tjejer skulle förmodligen ha avslutat det förhållandet där och då, men min fru är inte som de flesta tjejer; hon är exceptionell. Poängen här är att svaret var mycket ärligt, för jag var inte säker på vad kärlek egentligen var. Om du frågar människor vad kärlek är skulle du förmodligen få lika många definitioner som antalet människor du frågar. Eftersom kärlek är ett så viktigt ämne, och definitivt något vi pratar mycket om, särskilt i den här boken, skulle vi vilja försöka ge den lite klarhet och förståelse.

Du kanske också har funderat över vad kärlek egentligen är. Kan kärlek definieras? Kan den förstås? Och kan den verkligen kännas? Kärleken som ämne har fascinerat forskare, psykologer, historiker och filosofer under århundraden. Dikter, böcker och miljontals sånger har skrivits om den. Människor har dödat för den, dött för den och naturligtvis levt för den. Vad är detta fenomen som uttrycker sig på så många olika sätt? I ordböcker definieras kärlek ofta som ett substantiv: en stark känsla av tillgivenhet. Men detta är en mycket förenklad definition av ett så komplext fenomen som kärlek. Enligt forskning kan kärlek vara psykologisk (vissa hävdar att du älskar från din hjärna). Den kan vara fysisk eller biologisk eftersom det finns många ämnen i kroppen inblandade. Andra menar att den är filosofisk, medan ytterligare andra hävdar att den är andlig; med andra ord har kärlek varit och är fortfarande extremt komplext att förklara.

Dr. Helen Fisher är forskare i mänskligt beteende. Hennes sensationella forskning visar att romantisk kärlek är en drivkraft, och att den gör det möjligt för en person att fokusera sin energi på bara en person åt gången. Hon hävdar att kärlek nästan är som hunger och törst som du inte kan vara utan och menar att romantisk kärlek är ett av de mest beroendeframkallande ämnen som finns på jorden.[1]

Även i bibeln är kärleken en slags drivkraft. I 1 Korinterbrevet kapitel 5 skriver Paulus att Kristi kärlek driver honom att nå ut till människor. På samma sätt kan Guds kärlek driva dig och motivera dig i livet. **Gud har skapat dig och mig för att älska – älska Honom och älska andra människor.** Ju mer du fylls av Hans kärlek, ju mer beroende blir du av den. Kärlek är Guds egen natur, för bibeln uttrycker att Gud är kärlek (1 Johannesbrevet 4:8). Då förstår du säkert varför det är så viktigt att ha Gud i centrum av äktenskapet. Utifrån Honom strömmar kärleken. Han fyller på med sin kärlek in i ditt liv så att du kan rikta din kärlek tillbaka till Honom och till alla de människor du har runtomkring dig. Kanske det klassiska bibelstycket som citeras vid många bröllop ändå är det som beskriver kärleken allra bäst:

1 Korintierbrevet 13:4-7: *"Kärleken är tålig och mild. Kärleken avundas inte, den skryter inte, den är inte uppblåst. Den beter sig inte illa, den söker inte sitt, den brusar inte upp, den tänker inte på det onda. Den gläder sig inte över orätten, men gläds med sanningen. Allt bär den, allt tror den, allt hoppas den, allt uthärdar den."*

Biblisk kärlek innebär lojalitet mot din partner. Kärleken är mild, osjälvisk och överseende, förväntar sig det bästa och klarar alla stormar. Kärlek är så mycket mer än en känsla eller ett "beroende". **Det ultimata uttrycket är din vilja att sätta din partners välbefinnande och intressen över dina egna**; en villighet att gynna den du älskar på bekostnad av dig själv genom tankar, ord och handlingar. Detta är vad Jesus uppmanar oss att göra - att lägga ner våra liv för våra vänner. Hur mycket mer gäller då inte det för vår äkta hälft? "Men Marie och Andreas, hur är detta ens möjligt?" kanske du tänker. Ja, den frågan ställde sig även lärjungarna. När de undrade hur rika människor kunde komma in i Guds rike så svarade Jesus att det är omöjligt för människan, men **för Gud är allting möjligt.** Hur svårt det än kan kännas så kan vi luta oss tillbaka på vad Jesus sa. Allt är möjligt för Gud! Du och jag har den Helige Ande som vill hjälpa oss i allt. Med Gud i centrum av er relation har ni alla odds att lyckas!

KÄRLEK ÄR ETT BESLUT

I dagens samhälle är det vanligt att gifta par lämnar varandra med anledningen att "kärleken tagit slut". Vad vi behöver inse är att känslor går upp och ner och att det inte går att bygga ett äktenskap på enbart känslor. **Äktenskapet handlar om att fatta ett beslut där tillgivenheten och kärleken riktas mot en specifikt utvald person.** Kärlek är något du kan välja att passionerat rikta mot någon, och du kan också välja att ta emot det från någon. Så när någon säger att de inte har någon kärlek eller känslor kvar för sin partner, säger de i princip att de inte längre vill rikta sin tillgivenhet och kärlek till den personen. Naturligtvis kan vissa omständigheter ha påverkat beslutet att bryta upp, men i slutändan fattades ett beslut. Alla som varit i en relation eller ett äktenskap under en längre tid vet att känslor går upp och ner. När känslorna inte är på topp kan det vara fördelaktigt att förlita sig på beslutet att hålla ihop. Låt oss nu därför prata om beslut.

FÖRÄNDRA MED BESLUT

Varje dag gör den genomsnittliga individen tusentals val. Även när du tror att du inte har valt någonting i en viss situation så har du gjort det, då du valde att avstå från att välja. Någon sa att **"beslut är bryggan mellan dina tankar och dina handlingar."**

När det gäller våra relationer måste vi fatta många beslut, både små och stora. Vissa beslut fattas dagligen och andra fattas bara ibland och kan påverka hela livet. Om vi är ärliga mot oss själva vet vi att vi till viss del är en produkt av de beslut vi fattat tidigare i livet. Oavsett var vi är idag och hur vår situation ser ut just nu, kan vi fatta ett beslut att släppa vårt förflutna och inte låta det påverka oss längre. Vi kan välja att gå vidare. Med andra ord, när du och jag fattar informativa beslut har vi potential att förändra resultatet av våra liv och våra relationer. **Kärlek är mer än en känsla; att älska är ett beslut vi tar.** Vi väljer vem vi ska älska och hur vi ska uttrycka den kärleken. Vi väljer till vem vi riktar vår tillgivenhet och kärlek. Vi väljer hur vi ska agera i vårt äktenskap, och om vi vill investera i det. Och när vi gör vissa val och fattar beslut så kan vi påverka vårt äktenskap i positiv riktning!

VARJE BESLUT HAR EN KONSEKVENS

När du fattar beslut som rör dig och din partner behöver du ta hänsyn till konsekvenserna av dessa beslut. **Om du inte gillar resultatet av dina beslut: ändra dem.** Låt oss titta på ett enkelt exempel. Du och din partner är oense om någonting. Du känner annorlunda i en viss fråga och du kan inte förstå din partners synvinkel. Du blir mer och mer upprörd och börjar höja din röst till din partner. Istället för att lugna dig och försöka reda ut saker och ting börjar du skrika till din partner, går ut ur huset medan du smäller dörren efter dig och vägrar prata med din partner under hela nästkommande dag. Detta är vad vi kallar "det tysta kriget". Här fattade du ett beslut att låta känslan av ilska styra dig. Du valde att höja din röst och du bestämde dig för den till synes "enkla vägen ut" genom att lämna diskussionen och din partner och gå ut genom dörren. Dessutom vägrade du att prata med din partner, trots flera försök från hans/hennes sida. En enorm spänning byggdes upp hemma, vilket påverkade atmosfären såväl som det emotionella avståndet mellan er båda. Slutligen fattade du beslutet att bryta tystnaden, be om förlåtelse och ni båda försonades. Poängen här är att alla beslut som togs hade en konsekvens kopplat till dem.

Kunde denna situation ha hanterats på ett bättre sätt? Kunde den ha genomförts mer kärleksfullt och effektivt? Svaret är ja, och det är här det är så viktigt att reflektera över vad som fungerar bra i ert äktenskap och vad som inte fungerar. Om du och din partner strider om samma återkommande problem är det tillrådligt att se hur ett enkelt beslut kan förändra resultatet, det vill säga hur ni löser problemet. I slutändan kommer det att påverka kvaliteten i ert äktenskap.

PLANERADE BESLUT

Du och jag behöver fatta planerade beslut, det vill säga beslut som fattas i förväg. Vi kan kalla dessa planerade beslut för kärnvärderingar (läs mer om kärnvärderingar i kapitel 9.) I det här fallet kan det vara hur man önskar agera och reagera när oenigheter inträffar. Det kan handla om att säga förlåt snabbt eller ett motto som till exempel "**jag älskar människor mest när de förtjänar det minst för då behöver de det mest**". Det kan vara kärnvärderingar som att tala i lugn samtalston, aldrig argumentera framför barnen eller aldrig använda det tysta kriget (att vägra prata om ett aktuellt problem). **Dessa** planerade beslut hjälper er när känslor vill ta bort det logiska resonemanget i era handlingar. Det är inte alltid man lever upp till de kärnvärderingar man har, men det är en bra målsättning att sträva efter dem. Det är fördelaktigt om ni båda kan komma fram till gemensamma kärnvärderingar, men det kan också vara så att vissa kärnvärderingar är individuella. Be Gud hjälpa er att komma fram till de kärnvärderingar som ni vill leva efter.

DIN FRAMTID FORMAS AV DINA BESLUT

Din morgondag formas till stor del av dina beslut idag. Att leva för dagen, ha vaga drömmar och vara obeslutsam hjälper varken dig eller ditt äktenskap. Vi råder därför par att ta några solida beslut för framtiden och sedan sträva efter att leva efter dessa beslut. **Ett kärleksfullt äktenskap är en av de största välsignelserna en person kan ha i livet**, så det är fördelaktigt att be, tänka igenom och fatta viktiga beslut kring ditt äktenskap. Du kanske tagit fel beslut i ditt förflutna, men du kan ändra din framtid genom att fatta bättre beslut idag.

BESLUT ÄR EN FÖRUTSÄTTNING FÖR FÖRÄNDRING

Oavsett vilka förändringar du önskar se när det gäller ditt äktenskap så börjar det alltid med ett beslut - du bestämmer dig för något du vill ändra och sedan tar du steg i den riktningen. Någon sa en gång: "**ett mål utan en plan är bara en önskan.**" Dröm inte bara om ett mer kärleksfullt och passionerat äktenskap - sätt mål och planera hur du/ni når dessa mål. Faktum är att du redan har börjat eftersom du håller den här boken i handen. Kom ihåg, **Herren är med dig och har goda planer för dig och din partner!** Hans namn är Immanuel, vilket betyder "Gud med oss"!

Jeremia 29:11-13: *"Jag vet vilka tankar jag har för er, säger HERREN, nämligen fridens tankar och inte ofärdens för att ge er en framtid och ett hopp. Ni skall kalla på mig och komma och be till mig, och jag skall höra er. Ni skall söka mig, och ni skall också finna mig om ni söker mig av hela ert hjärta".*

OMVÄNDELSE ÄR VÄGEN TILL FÖRÄNDRING

Vi skrev i början av det här kapitlet att all förändring börjar med ett beslut. För att erfara en förändring som håller i längden handlar det om att fatta beslutet att vända om från *sina egna* vägar till *Guds* vägar. Vi har en god vän från Nya Zeeland, en apostel som Gud gett stort inflytande runt hela världen. Han har lärt oss otroligt mycket i vår resa med Gud - allt ifrån andlig krigföring till vishet i relationer människor emellan. Det finns en sak som speciellt kom att fastna i våra liv och då i relation till äktenskapsrådgivning. Vid flera tillfällen har både Marie och jag suttit ner med par som haft det väldigt jobbigt i sitt äktenskap. Det är alltför ofta som en av de två vill göra något åt situationen men den andre partnern är mer eller mindre ointresserad av det eller tycker inte det är något större problem. Vår vän lärde oss att om inte omvändelse av hjärtat sker, så kan man ge fantastiska råd, otroliga tips och spendera massor av tid med ett par för att hjälpa dem, men det är som att tänja på en gummisnodd - när man släpper, går den tillbaka till ursprungsläget. Om hjärtat däremot förändras genom omvändelse så finns det alla förutsättningar att relationen kommer att förbättras och råden och tipsen faller i god jord och bär frukt.

Jesus pratar mycket om omvändelse i bibeln. **Omvändelse är nyckeln till förändring.** Berättelsen i Lukasevangeliet 15 om den förlorade sonen är ett sådant bra exempel på omvändelse som bringar förändring. Det står i vers 17: *"Då kom han till besinning och sade: Hur många arbetare hos min far har inte mat i överflöd och här svälter jag ihjäl! Jag vill stå upp och gå hem till min far och säga till honom:* **Far, jag har syndat mot himlen och inför dig.** *........ Och han stod upp och gick till sin far.."* Här är ett underbart exempel på hur hjärtats omvändelse ledde till fullständig upprättelse. Vi vet, om vi läser vidare i berättelsen, att pappan hade väntat och hållit utkik efter sin son, och när han såg honom komma blev det fest. Han återfick sin status som son och blev som sagt fullt upprättad, men allt började med att han kom till besinning och insåg att han hade gjort fel och syndat. **När ett par kommer till besinning och ber varandra och Gud om förlåtelse finns det fullständig upprättelse och läkedom för deras relation!**

VAD HANDLAR DÅ OMVÄNDELSE OM?

1. Omvändelse handlar om, som det låter, att du vänder om från synd och dina felaktiga vägar och vänder dig till Gud och Hans vägar.

2. Omvändelse handlar om att du bryter med ditt gamla sätt att göra saker, som är motsatsen till vad Guds ord säger, och accepterar en ny livsstil i lydnad till Guds ord. Det kan till exempel handla om att reagera utifrån kärlek och mildhet istället för ilska och försvarstal.

3. Omvändelse handlar om att du vänder dig från en självcentrerad livsstil till en Jesus-centrerad livsstil. Det handlar inte först och främst om dig, utan om Honom.

Förändring börjar alltså med ett beslut att vilja förändras och vägen till förändring är via omvändelse och förnyelsen av era tankar. Med den grunden har ni alla odds att börja på förändringens resa och bygga ett lyckligt äktenskap. Och kom ihåg - inget är omöjligt för Gud!

GULDKORN

- Förnya dina tankar genom bön, bibelläsning och bra gemenskap.
- Enkelt uttryckt är kärlek en kombination av känslor och ett viljebeslut att älska.
- Beslut är bryggan mellan dina tankar och dina handlingar och är en förutsättning för förändring.
- Varje beslut har en konsekvens. Fatta därför dina beslut med eftertänksamhet.

- Ändra resultatet av din framtid genom att fatta rätt beslut idag.
- Herren är med er och har goda planer för er!
- Omvändelse är vägen till förändring.

MEDITATION

"Jag vet vilka tankar jag har för er, säger HERREN, nämligen fridens tankar och inte ofärdens för att ge er en framtid och ett hopp"
(Jeremia 29:11-13)

REFLEKTION

Fundera över om du/ni behöver förändra något i er relation. Vad är viktigt för er då? Behöver ni omvända er från ett felaktigt beteende mot varandra? Behöver ni läsa Guds ord mer för att förnya era sinnen? Behöver ni omvärdera tidigare tagna beslut som gett er konsekvenser ni inte gillar? Vilka beslut behöver ni fatta idag för att ändra er framtid?

| 2 |

SÄG DET PÅ RÄTT SÄTT

*Kommunicera effektivt med goda
resultat*

Kommunikation är absolut nödvändigt för alla relationers existens. En vanlig orsak till både olyckliga relationer och skilsmässa är just dålig kommunikation. I det här kapitlet kommer vi att fokusera på denna punkt och hur vi kan kommunicera effektivt med goda resultat. Eftersom dålig kommunikation antas vara en vanlig orsak till skilsmässa och uppbrott så kan man kanske dra slutsatsen att god kommunikation är en förutsättning för lyckliga relationer och äktenskap. Hur ni väljer att kommunicera med varandra är oerhört viktigt.

VAD ÄR KOMMUNIKATION?

Kommunikation involverar två eller flera personer, där en eller flera personer har som mål att förmedla information verbalt eller icke-verbalt. God kommunikation startar alltid med respekt för andra och för deras åsikter. Kommunikation inkluderar både att tala och lyssna, där lyssnande är lika viktigt som att tala. Den som talar bör försöka kommunicera på ett sätt som gör att den andra personen kan förstå, och lyssnaren bör försöka uppfatta den avsedda meningen med det som sägs. Utöver det innefattar även kommunikation det ickeverbala budskapet en person sänder, till exempel kroppsspråk och röstläge.

OLIKA UPPFATTNINGAR VID KOMMUNIKATION

Det sägs att när två personer kommunicerar kan sex möjliga meddelanden uppfattas:

1. Vad du TÄNKER att du ska säga.
2. Vad du FAKTISKT säger.
3. Vad den andra personen HÖR.
4. Vad den andra personen TROR att han eller hon hör.
5. Vad den andra personen SÄGER om vad du sa.
6. Vad du TROR att den andra personen säger om det du sa.

Vi ser att det är lätt att missuppfattningar uppstår när två personer kommunicerar. I Jakobs brev 3:2 står det: *"Vi begår alla många fel. Om någon är felfri i sitt tal är han en fullkomlig man som också kan tygla hela sin kropp."* Hela Jakobs brev kapitel 3 talar om tungan som en liten lem som ställer till stora problem. Därför är det extra viktigt att lära sig att kommunicera väl, och kanske i synnerhet med sin partner.

SÅ MYCKET MER ÄN ORD

Professor Albert Mehrabian är mest känd för sina kommunikationsstudier. Han hävdade att det finns tre element i all kommunikation som sker ansikte mot ansikte: ord, tonfall och icke-verbal kommunikation. Han kom fram till att den icke-verbala kommunikationen (kroppsspråket) står för så mycket som 55 % av meddelandet som en person sänder, medan tonfallet svarar för 38 % och ord för bara 7 %[2]. Men han drog också slutsatsen att det är uppenbart att icke-verbal kommunikation inte alltid är viktigare än orden någon talar, som till exempel när någon säger: *"vi ses på fredag kl. 15".* Men de icke-verbala egenskaperna är mycket viktiga för att kommunicera känslor och attityder, särskilt när de är inkonsekventa. **Om tonfallet och den icke-verbala kommunikationen avviker från de talade orden så tenderar människor att tro på tonläget och kroppsspråket mer än orden.** Var därför uppmärksam på vilket budskap du sänder genom ditt kroppsspråk, ansiktsuttryck, tonfall och rörelser etc. Ögonkontakt är också viktigt. Alla dessa faktorer spelar ofta en större roll än vi kanske tror. Attityder och känslor överförs genom både *vad* vi säger, *hur* vi säger det och hur vi *agerar* medan vi säger det.

PARAFRASERING

Vill du veta hur du ser till att du inte förmedlar fel budskap till någon? Använd parafrasering. Parafrasering innebär att du förklarar den andres idé med dina egna ord. Med ovanstående möjliga meddelanden när två personer kommunicerar är det lämpligt att bekräfta vad den andra personen just sa genom att parafrasera, vilket alltså är samma sak som att omformulera det som sagts. Du kan använda uttryck som: *"Det låter för mig som om du är orolig för ..."* eller *"Förstod jag dig rätt när du sa att du är upprörd över...?"* eller *"Jag vill bara förtydliga, menar du att ..."* Detta skapar tydlighet och förståelse. Se bara till att du inte överdriver genom att omformulera varenda enskild mening, men gör det då och då för att klargöra att du rätt uppfattat vad som sagts.

GOD KOMMUNIKATION BÖRJAR MED RESPEKT

All god kommunikation börjar med respekt. **Er attityd gentemot varandra är en av de viktigaste och mest avgörande faktorerna för hur väl ni kan kommunicera**. Se till att det inte finns några underliggande negativa tankar och känslor gentemot varandra. **Dina känslor är ditt ansvar**. Vi har sett hur respektlöst beteende kan förstöra äktenskap. Så hur kommunicerar vi då på ett respektfullt sätt för att optimera god kommunikation i äktenskapet?

10 NYCKLAR TILL RESPEKTFULL KOMMUNIKATION

1. Välj att se det bästa hos din partner.

Som nämnts tidigare så har din attityd gentemot din partner stor betydelse. Den kommer ange tonen i varje konversation. Fokusera på det du älskar med din partner, för **det du fokuserar på kommer att växa sig starkare**. För att se det bästa hos din partner behöver du börja tänka det bästa om honom/henne. Respekt börjar i tankarna. Strunta i små skillnader och fokusera på det positiva. Välj att se din partner som den han/hon verkligen är utan att markera varje "defekt". Ta bara en ärlig titt på dig själv och du kommer förmodligen att ha lättare att ödmjukt "förbise" vissa "problem" med din partner. Ofta glömmer vi bort våra egna svagheter och misstag eftersom vi förväntar oss att vår partner ska vara perfekt. Precis som Lukas skriver: *"Varför ser du flisan i din broders öga, men märker inte bjälken i ditt eget öga?"* (Lukasevangeliet 6:41). Det är lätt att se sin partners misstag men ha överseende med sina egna. Men sann kärlek lyfter inte fram andras misstag - den döljer dem. *"Så framför allt, älska varandra djupt, för kärlek överskyler många misstag"* (1 Petrus brev 4:7).

2. Var närvarande.

Jag (Marie) pratade en gång med en kvinna som var så imponerad av en ledare hon kände som hade en extrem multitasking-förmåga, det vill säga att hon var bra på att göra många saker samtidigt. Ledaren kunde ha en telefon i vardera hand och texta personer samtidigt som hon själavårdade den här kvinnan.

Jag kan säga att jag inte var ett dugg imponerad av detta! I min värld har den här ledaren inte förstått vikten av att vara närvarande och verkligen se och lyssna på en person helhjärtat. Vi behöver lyssna med odelad uppmärksamhet när vi samtalar med andra. Var inte distraherad med andra saker som att titta på din telefon, TV eller genom att låta andra avbryta när din partner talar. Fokusera istället på att se din partner i ögonen och bekräfta med nickande och ord som "OK", "åh", "jag förstår ", "mmm" etc. Det är ganska irriterande att prata med någon som är distraherad av andra saker som sociala medier, eller bara är "frånvarande" i tankarna. Ha som mål att verkligen förstå vad din partner försöker förmedla. Lyssna "mellan raderna" och försök att fånga upp tankar och känslor bakom de ord som uttrycks. Var genuint intresserad av din partners åsikter och tankar. Det kommer du långt med.

3. Tala med normalt tonläge.

Ingen behöver höja sin röst. Varken barn eller vuxna reagerar väl på höjda röster eller skrik; det brukar snarare ha en motsatt effekt. I allmänhet blir personen defensiv och kan förr eller senare sluta svara. **Försök behålla kontrollen och ta ett djupt andetag när du börjar känna agitation eller ilska**. Behåll ditt lugn; din partner kommer då sannolikt känna att du respekterar honom/henne, även om du inte håller med om allt han/hon säger eller gör. *"Ett mjukt svar stillar vrede, sårande ord väcker harm"* (Ordspråksboken 15:1).

4. Välj dina ord noga.

Dölj aldrig dina tankar eller känslor, men var försiktig med hur du uttrycker dem. Du kan dela dina känslor och ge feedback på ett konstruktivt eller destruktivt sätt; valet är ditt. Ett litet tips är att använda "jag" oftare än "du". Istället för att säga "*Du gör mig så irriterad när du...*" kan du säga: "*Jag känner mig irriterad när du...*". Att vara försiktig inkluderar också att välja rätt tid att prata om vissa saker. Den bästa tiden kanske är när ingen av er är hungrig eller trött, och när barnen somnat. Ord bär på en enorm kraft. Ordspråksboken 18:21 säger det så bra: *"Tungan har makt över död och liv, de som gärna brukar den får äta dess frukt"*. **Du kan med dina ord tala liv eller tala död**. Ord kan förstöra självkänslan eller synen på livet. Om en person får höra nedvärderande eller förnedrande ord av sin partner finns risken att han/hon tror på dessa ord och börjar leva utifrån den synen på sig själv. Du kan välja att tala ord av förakt eller ord av kärlek och respekt. Du kan välja att skvallra och förtala eller välsigna och bygga upp. Kom ihåg att talade ord inte kan bli osagda; det som sägs har sagts. **Det finns kanske inget som gör mer ont än elaka ord från någon du älskar eller har en nära relation med**. Tänk på vad som sårar mest: om det kommer en främling och säger något elakt eller om din älskade partner gör det? Varför tror du att svaret är din partner? Fundera på det.

Ett gift par bör vara varandras största hejarklack! När du talar rätt ord i kärlek kan de förmedla liv och uppmuntran till din partner. *"Gyllene äpplen i silverskålar äro ord som talas i rättan tid"* (Ordspråksboken 25:11). Låter delikat! I Efesierbrevet skriver Paulus också om uppbyggliga ord: *"Låt inga smutsiga ord komma över era läppar, utan bara det som är gott och bygger upp där det behövs, så att det blir till glädje för dem som hör det"* (4:29). Det är lätt att tänka att detta gäller dina vänner i kyrkan eller andra personer, men detta gäller såklart även din partner. Hur talar du med och om din partner? Vi lever i en värld där uppmuntran och uppbyggande ord generellt är en bristvara. Människor i allmänhet får inte så mycket positiva uppmuntrande och bekräftande ord, och därför bör ni som gift par sikta på att fylla det behovet ofta i varandras liv. I 1 Thessalonikerbrevet 5:11 kan vi läsa: *"Uppmuntra därför varandra och uppbygg varandra, så som ni redan gör".* Gud vill att du ska uppmuntra dem som är runt dig, och detta gäller givetvis även din man/fru. **Alla människor mår bra av uppmuntran.** Både våra ord och våra handlingar bör vara fyllda av tro, hopp och kärlek, dessa tre grundpelare som världen idag så desperat behöver. Kärleksfulla ord som inspirerar hopp och tro kan torka tårar, hela hjärtan och skapa frid och framtidstro till den som tar emot dem.

5. Undvik personangrepp.

Börja inte med personangrepp när argumenten tar slut. Personangrepp är ett argument där man angriper motståndarens karaktär eller förmåga, eller dömer hans/hennes motiv i en viss situation. Med andra ord har man då lämnat sakfrågan och börjat attackera personen istället. Vi ser det så ofta hur par i stunder av argumentation inte riktigt vet hur de ska formulera sig eller vad de ska säga, och då börjar de med personangrepp. De kan till exempel säga: "Du är alltid så självisk!" eller "Det där gjorde du bara för att du ville komma undan." Tänk på det vi skrev tidigare, att dina ord har en enorm kraft.

6. Låt din partner tala till punkt.

Någon sa att "det största kommunikationsproblemet är att vi inte lyssnar för att kunna förstå. Vi lyssnar för att kunna svara". Respekt börjar med att lyssna på vad en annan person har att säga. Bibeln talar om detta i Ordspråksboken 18:2: *"Dåren frågar inte efter förstånd, han vill bara uttrycka sina tankar."* Jakobs brev 1:19b säger: *"...Varje människa ska vara snar att höra, sen att tala och sen till vrede..."* Det är frestande att avbryta när du känner att det som sägs inte är rättvist eller sant. Behåll lugnet. Träna ditt sinne att tänka att du kan kontrollera din tunga. **Respektfulla samtal är konversationer där båda parter artigt låter den andre prata till punkt**. Tänk på att din partner kanske försöker uttrycka något som han/hon upplever är jobbigt, med syftet att vilja förbättra situationen. Ta det till dig och fundera över vad det innebär för dig.

7. Undvik skuldbeläggning och försvarsställning.

Bestäm dig för att inte skuldbelägga, till exempel genom att säga *"Det är ditt fel att..."*. Gör inte personangrepp utan **håll dig till problemet**. Skuldbeläggning är kontraproduktivt och leder ofta till skam. Om du lägger all skuld på din partner och höjer rösten, fråga dig själv vad orsakerna kan vara att du reagerar på det sättet. Bär du på underliggande ilska gentemot din partner?

Har du områden i ditt liv som behöver tas itu med, till exempel skuld, skam eller ilska? Eller beror din reaktion på yttre omständigheter som sömnbrist eller stress? Sök hjälp om du behöver, annars är du som en mina; när någon "trampar på dig" så "exploderar du". **Var vaksam över din reaktion**. Undvik att inta försvarsställning. Kom ihåg att fokusera på att hitta en lösning; inte vinna ett argument. Det gör er båda till vinnare.

8. Prata om problemen.

Vissa människor hanterar konflikter genom att dra sig tillbaka känslomässigt och vägrar att kommunicera alls, det så kallade "tysta kriget". Orsakerna kan vara flera, till exempel rädsla för konflikter, känslan av att inte veta vad man ska säga, svårigheter att uttrycka känslor, stolthet eller bekvämlighet. Tyst krig med känslomässigt och/eller verbalt tillbakadragande eller avstängning leder inte till något positivt; snarare distanserar det er båda mer. **Var mogen nog att möta problemen och prata om dem**. Om du behöver lite tid för att lugna ner dig innan du kommunicerar är det bra, men berätta för din partner om det. Om du har svårt att uttrycka hur du känner, sikta på att lära dig att bli bättre på det. Ibland hjälper det att först skriva ner vad du vill säga. Då hinner du samla dina tankar och tänka igenom vad du vill förmedla, så du inte uttrycker dig i frustration och får ångra det du sagt. Jag (Andreas) var med om en person som skrev ett otrevligt mejl till mig och även skrev om mig till andra personer. Jag sa till min fru att om man skriver hinner man tänka igenom vad man har skrivit innan man skickar iväg det, och det blir svårare att smälta, för man vet att personen haft möjligheter att både lägga till och ta bort text innan han/hon skickade iväg mejlet. Poängen här är att när du skriver ner dina tankar så ger du dig själv tid att tänka över vad du vill säga och hur du vill uttrycka dig, vilka ord du vill välja etc. Jag har själv skrivit ner saker när jag pratat med min fru eller ville dela något som är viktigt att få fram på rätt sätt.

9. Eftersträva samtal på djupare nivåer.

Sträva efter att gå vidare från en kommunikationsnivå av klyschor, "vädersamtal" eller enbart vardaglig kommunikation såsom hur dagen varit eller vad ni ska äta till middag. Har ni hamnat i att enbart kommunicera det vi kallar "transaktion av information", så försök att ställa följdfrågor och gå djupare i era konversationer. Detta gör ni genom att dela idéer och känslor, rädslor och drömmar, motiv och önskningar. Ni kommer att upptäcka att detta kommer att fördjupa er kärlek och känsla av enhet, när ni börjar få mer förståelse för varandra. Särskilt män behöver vanligtvis arbeta mer med att kommunicera känslor eftersom de i allmänhet inte är så känslomässigt uttrycksfulla.

10. Involvera Den Helige Ande.

Kom också ihåg att Den Helige Ande är din hjälpare. I Jakobs brev kan vi läsa att från samma mun kommer välsignelse och förbannelse. Jakob skriver att "så får det inte vara, mina bröder." Samma röst som sjunger lovsång i kyrkan på söndagen kan en timme senare kritisera pastorns predikan, orsaka smärta hos sin man/fru genom tanklösa ord eller uttala fula ord över en irriterande bilförare som blockerar vägen. Det händer oss alla, men kom ihåg att involvera Den Helige Ande. Med Andens hjälp kan vi tygla vår tunga. Det är intressant att versen där det står att vi inte ska bedröva Guds Helige Ande står mittemellan två verser som i princip manar oss att tala rätt och undvika dålig kommunikation. Efesierbrevet 4:29-32: *"Låt inga smutsiga ord komma över era läppar, utan bara det som är gott och bygger upp där det behövs, så att det blir till glädje för dem som hör det. Bedröva inte Guds helige Ande, som ni har fått som ett sigill för befrielsens dag. Lägg bort all bitterhet, häftighet och vrede, allt skrikande och förolämpningar och all annan ondska. Var i stället goda och barmhärtiga mot varandra och förlåt varandra, så som Gud i Kristus har förlåtit er."* Bygg upp ditt andliga liv starkt och involvera Den Helige Ande!

HUR DU KAN KOMMUNICERA MED DIN PARTNER OM KÄNSLIGA FRÅGOR

Ibland behöver känsliga frågor diskuteras. Det kan vara ämnen som till exempel pengar, sex, svärföräldrar eller dåliga vanor. Det är viktigt att närma sig dessa ämnen klokt, så här är några användbara principer som kan göra samtalet mer effektivt.

- Be för samtalet med din partner. "...Den rättfärdiges bön har stor kraft och verkan" (Jakobs brev 7:17b). Be om vishet hur du ska tala med din partner. Be att samtalet får leda till något bra och att ni finner en gemensam lösning på problemet. Tro att din bön har stor kraft och verkan!

- Ta god tid på dig att förbereda vad du ska säga och hur du ska säga det. Förutse frågor eller funderingar som din partner kan tänkas ha och hur du besvarar dem på rätt sätt.
- Låt din partner veta i förväg att du skulle vilja prata om ett visst ämne så att han/hon också är förberedd på det.
- Sätt dig in i din partners situation. Hur tror du att din partner skulle känna om du delar med dig av det som finns på ditt hjärta?
- Välj en plats utan distraktioner, till exempel buller, mobila enheter och andra människor.
- Välj en lämplig tid, till exempel när ni inte är hungriga eller trötta.
- Tala lugnt och kärleksfullt utan att konfrontera eller föreläsa.
- Notera ditt kroppsspråk. Undvik korsade armar eller att himla med ögonen.
- Fokusera på ämnet och hur det har påverkat dig utan att anklaga den andra personen.
- Dela ditt önskade resultat.
- Lyssna på din partner utan att avbryta.
- Lyssna in den Helige Ande under samtalet.
- Diskutera möjliga lösningar.
- Bestäm en tid för att diskutera detta ämne igen för att utvärdera era framsteg.

SÖK ÖMSESIDIG FÖRSTÅELSE

Det sägs att män i genomsnitt talar cirka 15 000 ord om dagen, medan kvinnor talar cirka 30 000 ord om dagen. Om detta är sant kan vi förstå att problem kan uppstå för många gifta par. Föreställ dig att mannen kommer hem efter en dag på jobbet och har använt sina 15 000 ord, och inte alls känner sig på humör att ha någon längre konversation med sin fru. Frun å andra sidan har varit ledig och hemma hela dagen och har bara använt 10 000 ord. Därför har hon 20 000 ord kvar och har ett stort behov av att prata med sin man. Här är ömsesidig förståelse avgörande. Mannen kan behöva anstränga sig för att lyssna på sin fru och prata med henne, även när han inte känner för det, precis som frun behöver vara lyhörd för att mannen kanske inte har lust att prata så mycket. Äktenskapet innefattar ofta att kompromissa - att sätta sin partner och hans/hennes intressen högre än sig själv och söka ömsesidig förståelse. I Filipperbrevet 2:3-5 kan vi läsa: *"Sök inte konflikt eller tom ära. Var i stället ödmjuka och sätt andra högre än er själva. Se inte till ert eget bästa utan också till andras. Var så till sinnes som Kristus var."* Det är bibliskt att sätta sin man/fru före sig själv, och **vår förebild här är Jesus Kristus själv**. Han, som tog på sig en tjänares gestalt och gav sitt liv för oss, har gått vägen före och visat oss sann ödmjukhet genom att sätta oss före sig själv. Ödmjukhet, respekt och förståelse i relationen med din partner kommer alltid att vara en viktig nyckel till ett starkt äktenskap med god kommunikation.

GULDKORN

- Vi talar inte bara med ord; vi kommunicerar även med vårt kroppsspråk.
- Dina känslor är ditt ansvar.
- Var helt närvarande när du kommunicerar med din partner.
- Gå djupare i er kommunikation än "transaktion av information".
- Ord bär på en enorm kraft.
- Ett gift par bör vara varandras största hejarklack!
- Dina ord har makt att bygga upp eller bryta ner.
- Att vinna ett argument gör dig till en förlorare; att skapa en lösning gör dig till en vinnare.
- Framför allt: älska varandra djupt, för kärlek överskyler misstag.
- Involvera den Helige Ande!
- Sätt din partner högre än dig själv.

MEDITATION

"Sök inte konflikt eller tom ära. Var i stället ödmjuka och sätt andra högre än er själva. Se inte till ert eget bästa utan också till andras. Var så till sinnes som Kristus var" (Filipperbrevet 2:3-5).

REFLEKTION

Av de 10 nycklarna till respektfull kommunikation, vilka två tycker du att du behöver förbättra och varför? Skriv ner dessa och överlåt dig att jobba på dem.

| 3 |

RED UT DET

Minimera konflikt och maximera frid

I Matteusevangeliet 5:9 kan vi läsa: *"Saliga är de som skapar frid, de ska kallas Guds barn."* Här kallar Jesus oss att skapa frid och lösa konflikter. Du och jag är kallade att vara bärare av frid, och ett bra ställe att börja på är att ha en relation med den Helige Ande. Guds rike består nämligen av rättfärdighet, frid och glädje i den Helige Ande (Romarbrevet 14:17). **När Andens liv fyller oss så har vi frid och kan skapa frid med andra.** Vi får en rätt attityd gentemot andra människor med respekt och kärlek och kan då vara bärare av frid. Att skapa frid innebär ibland att man behöver ta itu med jobbiga saker. Det är inte möjligt att skapa frid om man inte har frid i sitt eget hjärta, exempelvis om man bär på oförlåtelse, förkastelse eller har ouppgjord synd. Då behöver man ta itu med detta och fråga Herren om förlåtelse och upprättelse.

Finns det något äktenskap som är perfekt? Vi tror inte det, eftersom det är imperfekta människor som ingår i ett äktenskap. En viktig faktor i ett lyckligt äktenskap är inte frånvaron av konflikt utan hur konflikter hanteras. **Det är möjligt att "kärleksfullt vara oense."**

En hårt ansatt engelsman satt på ett tåg mellan två damer som diskuterade om fönstret skulle vara öppet eller stängt. Den ena hävdade att hon skulle dö av värmeslag om fönstret var stängt. Den andra menade att hon skulle få lunginflammation om det förblev öppet. Damerna ringde konduktören, som inte visste hur man skulle lösa konflikten. Till slut sa engelsmannen: "Öppna först fönstret. Det kommer att döda den ena. Stäng sedan fönstret. Det kommer att döda den andra och vi kommer att ha fred."

Detta är självklart inte det bästa sättet att hantera en konflikt på! Vi kanske inte bokstavligen dödar vår partner under en konflikt, men **vi kan bringa död in i relationen genom vår oförmåga att korrekt hantera konflikter**, exempelvis genom det vi säger. När människor blir arga gör de ibland oproportionerliga saker. Detta kan man se när till exempel en treåring får utbrott med skrik och sparkar, eller när en tonåring tappar humöret över en småsak, höjer rösten och slår igen dörren efter sig. Gifta par kan kasta tallrikar, slå knytnäven i bordet, skrika högt eller till och med bli våldsamma. Vi läser i media om mannen som mördade sin flickvän för att hon gjort slut. Men behöver ilska ta sig uttryck på ett så destruktivt och okontrollerat sätt? Paulus skriver till de kristna i Efesos att *"Grips ni av vrede så synda inte"* (Efesierbrevet 4:26). Det är alltså OK att bli arg, men inte att synda. Det är inte OK att få oproportionerliga utbrott eller bli våldsam.

När människor syndar upptänds Guds vrede: *"Hans vrede varar ett ögonblick, Hans nåd hela livet"* (Psalm 30:6a). Som människor skapade till Guds avbild så är vi alltså skapade med förmågan att bli arga. Ilska kan sporra oss till rätta handlingar, t ex när vi blir arga på oss själva för en upprepad synd vi begår eller ilska över sociala orättvisor som kan uppmuntra oss att tala för de svaga eller vara med och förändra deras situation.

SJÄLVBEHÄRSKNING

Kan man då uttrycka ilska och vrede på ett konstruktivt sätt? Svenska Folkbibeln beskriver i Ordspråksboken 16:32: *"Bättre en tålmodig man än en hjälte, bättre styra sitt sinne än inta en stad"*. Att styra sitt sinne kan liknas med att behärska sig själv. Detta skriver Paulus om i Galaterbrevet 5:22, där en av andens frukter är just självbehärskning. Självbehärskning är därför något som föds av Anden och **det är alltså mer eftersträvansvärt att behärska sig själv än att vara en krigshjälte som intar städer**. Kämpar du med ilska eller aggression så finns det nåd och hjälp hos Gud. Bibeln säger att nåden är allt du behöver (2 Korintierbrevet 12:9). Faktum är att då självbehärskning är en Andens frukt, så sök då Gud för mer av Guds Ande. Bibeln säger att Gud ger Anden utan begränsning till den som frågar (Johannesevangeliet 3:34).

Har du någonsin varit arg, höjt rösten och försökt göra allt för att få din partner att tänka som du tänker? Eller kanske du dragit dig tillbaka, och skapat "det tysta kriget" eftersom du kände att det inte är någon mening då du inte kunde "vinna" argumentet? Har du tappat besinningen helt och kanske till och med slagit till din partner eller ditt barn? Muttrar du när du tycker att snabbköpskassörskan är för långsam eller när någon inte blinkar i rondellen? Låter något av dessa exempel bekant i hur du hanterar jobbiga situationer? Vad tycker du om dessa sätt att hantera konflikter? Får det dig att må bättre efteråt? Hjälper det ert äktenskap att utvecklas? Tar det er närmre eller längre ifrån varandra?

INLÄRDA BETEENDEN

Vi människor har ofta inlärda beteenden när det gäller hanterandet av konflikter. Vi kanske har sett hur våra föräldrar grälade med varandra och hur andra omkring oss hanterat konflikter. Det är lätt att ta efter dessa beteenden, särskilt om de skett i vår egen familj under uppväxten. Människor hanterar ilska på olika sätt. En del får verbala eller fysiska utbrott medan andra håller sin ilska inom sig. Andra kan vara hur lugna som helst trots stora motgångar i livet. Kanske det allra viktigaste är att ta reda på varför man reagerar på ett visst sätt och vad man kan göra åt det. Ett tips är att fundera över vad du reagerar på när du ser på film? Vilka filmsekvenser rör upp känslor inom dig? Fundera på varför du reagerar emotionellt. Kanske är det något som du behöver ta itu med i ditt liv. Den absolut bästa metoden är förstås bön. **Gud som känner oss bättre än vi själva gör vet ju vad som finns i hjärtats innandömen.** I Lukasevangeliet 9:47 läser vi att Jesus visste vad människorna tänkte i sina hjärtan. David skrev i Psalm 139:23-24: *"Rannsaka mig, Gud, och känn mitt hjärta, pröva mig och känn mina tankar. Se om jag är på en olycksväg, och led mig på den eviga vägen".* **När vi ber sammankopplar vi med Han som skapat oss.** Han känner oss och vill visa oss det vi kan behöva ta itu med och Han ger oss också kraft att göra det. När sen det som varit roten till ilskan försvinner så kan vi hantera konflikter på ett bättre sätt. Konflikter är inte bara av ondo. De behöver inte vara negativa om de hanteras korrekt. I själva verket kan de fungera som en katalysator för att förbättra både ditt eget inre men också ert äktenskap. För varje motgång ni övervinner tillsammans kan relationen växa sig starkare.

OMÖTTA BEHOV OCH BLOCKERADE MÅL

Ofta handlar konflikter i grund och botten om behov som inte mötts på ett eller annat sätt. Vi har en konflikt eftersom vi behöver något. **Konflikter kan uppstå när du uppfattar att dina mål och önskemål hindras av din partner.** Du känner att du inte kan uppnå dem. Det är bland annat därför det är så viktigt att ha en öppen dialog och våga prata om mål och drömmar med varandra.

MÄN OCH KVINNOR ÄR OLIKA

Män och kvinnor är ofta väldigt olika. De tänker, pratar och agerar ofta på motsatta sätt. Kvinnor är i allmänhet mer känslomässigt drivna (*"du förstår inte hur jag känner mig"*) medan män är mer problemlösare (*"berätta för mig problemet så ska jag ge dig en lösning."*) Självklart kan män vara mer känslosamma och kvinnor mer lösningsorienterade, men om man har detta i åtanke så kan det hjälpa hur ni kommunicerar på rätt "frekvens" så att konflikter kan lösas mer framgångsrikt. Det kan minimera konflikter och maximera friden i er relation eftersom ni får en större förståelse för varandra. Även andra saker kan skilja sig såsom bakgrund, behov, önskemål, intressen, personlighetsdrag och förväntningar på er relation. Här ligger en viktig sanning som vi behöver tillämpa: att lära oss att njuta av likheterna och samtidigt uppskatta skillnaderna som komplement till varandra. Både män och kvinnor har styrkor och svagheter, likheter och skillnader. **Använd vad ni har för att bygga upp varandra och komplettera varandra istället för att låta det bli en orsak till argument och konflikter.** Vad händer om något redan har eskalerat till en konflikt eller hett argument? Hur löser ni det på rätt sätt?

14 STEG TILL KONFLIKTHANTERING

1. Utvärdera dig själv.

Det första steget vi bör ta för att lösa en konflikt är att se på oss själva. Psalm 139 är en känd psalm som handlar om hur väl Gud känner oss. David skriver i verserna 23-24: *"Rannsaka mig, Gud, och känn mitt hjärta, pröva mig och känn mina tankar. Se, om jag är på en olycksväg, och led mig på den eviga vägen".* Denna bön borde vi alla be regelbundet. Vi behöver vara ärliga med oss själva om vårt eget ansvar i varje konflikt, misstag, misslyckanden och själviska önskningar. Fråga dig själv varför konflikten har uppstått och om du har bidragit till den på något sätt. Finns det själviska motiv bakom konflikten? Är du arg för att din partner blockerat något av dina mål? Att leva efter den gyllene regeln: "**vad du vill att andra gör mot dig, gör det för dem**", är guld värt, särskilt när det gäller konflikt-hantering. Alla kan göra misstag, inklusive vi själva, så att vara förlåtande och ha överseende med andras misstag är viktigt. En dag behöver vi själva förlåtelse för och överseende med de misstag vi gjort. Jesus säger att kärleken till Gud och till din nästa (inkluderar självklart din äkta hälft) är det viktigaste budet (Matteusevangeliet 22:37-38). Det som är intressant är att den här kärleken inte bara handlar om känslor utan om en helhetsattityd, där både tänkande och handlande inkluderas.

2. Lyssna uppmärksamt.

För att kunna lyssna uppmärksamt är det fördelaktigt att välja en bra tid på dygnet och en plats utan distraherande. Självklart planerar man inte in tid för konflikter, de bara händer, men om man till exempel hamnar i ett hett argument kan man runda av det och fortsätta diskutera frågan senare, exempelvis efter det att barnen sover. **Att lyssna uppmärksamt är att betrakta sin partner och hans/hennes ord som viktiga.** Att lyssna uppmärksamt är med andra ord att uppmärksamma din partner. Det innebär att du lyssnar med intresse och respekt därför att din partner är är viktig för dig och det han/hon säger har betydelse. Hur gör du det praktiskt? En bra början är att lägga bort mobiltelefonen. Om ni har barn, prata när de somnat. Lyssna helhjärtat med dina öron, ögon och hela ditt kroppsspråk. Vik inte armarna eller bli distraherad av saker i rummet. Var helt närvarande. Ge din partner din fulla uppmärksamhet och tid. Låt honom/henne känna att du försöker förstå vad han/hon vill förmedla. Stå emot frestelsen att avbryta: *"Varje människa ska vara snar att höra, sen att tala och sen till vrede"* (Jakobs brev 1:19b). I Ordspråksboken 18:13 står det: *"Att svara innan man lyssnat är dårskap och skam".* Låt din partner avsluta det han/hon vill säga. **Försök att höra meddelandet "mellan raderna" för att få förståelse om din partners perspektiv, bekymmer, behov och önskemål.** Välj också rätt tidpunkt så att ni båda kan lyssna uppmärksamt, exempelvis när ni inte är trötta eller hungriga. Jag minns när vi lärde oss detta. Vi försökte prata i sängen innan vi somnade, men problemet var att jag (Andreas) ofta somnade och var för trött för att prata. Detta orsakade spänningar i vårt äktenskap eftersom min fru kände att jag inte tog henne på allvar när jag inte lyssnade uppmärksamt på vad hon hade att säga. Vi bestämde oss för att ändra tid och plats för vår "du och jag-tid", och det förbättrade kvaliteten på våra konversationer mycket. Vi har för vana att sitta och dricka te och prata i soffan i stället, när barnen somnat ska jag tillägga.

3. Tala lugnt.

Ta dig tid att lugna ner dig om du är uppe i varv på grund av ilska. När det är din tur att prata, prata lugnt. Skrik aldrig eller höj din röst. Kom ihåg att du inte behöver ha sista ordet, men att ni ska kunna lösa problemet så effektivt som möjligt. **När du förblir lugn är chansen mycket större att din partner verkligen lyssnar.** Vi har upptäckt att när vi båda svarar på ett lugnt sätt mot varandra är chansen för en snabbare försoning mycket större. Om du har barn, och de hör att du inte håller med, kommer de sannolikt att kopiera er och lära sig av ert beteende. Om du svarar genom att vara defensiv eller höjer din röst så kommer dina barn med stor sannolikhet förr eller senare att gensvara på samma sätt. Det blir ett inlärt beteende. Som någon sa, "barn gör inte vad vi säger; de gör vad vi gör." Vi behöver aldrig höja rösten, inte till vår partner eller våra barn. Varför? Eftersom det inte hjälper. Det föder istället respektlöshet i relationen, vilket sannolikt eskalerar med tiden, så ta ett djupt andetag och börja svara lugnt. Om du inte är redo att föra diskussionen vidare för att du är upprörd så kan du föreslå till din partner att ni diskuterar lite senare så att du får tid att lugna ner dig och samla dina tankar. Var försiktig med negativt och kritiskt tänkande. Fokusera istället på hur ni löser problemet.

4. Dela dina känslor varsamt och välj dina ord med omsorg.

Kasta inte ur dig allt du känner utan att tänka efter. Då ångrar du dig oftast efteråt. I Ordspråksboken 15:1 läser vi att "Ett mjukt svar stillar vrede, ord som sårar väcker harm." Ord som sagts kan inte bli osagda, så det är bra att dela sina känslor med varsamhet. Välj dina ord med omsorg. Säg hellre "jag" istället för "du". Använd uttryck som "jag känner mig..." eller "jag blir irriterad när..." istället för "du får mig alltid att känna..." eller "du är så...". Sannolikt kommer din partner vara mer öppen till att lyssna när han/hon upplever att du inte anklagar honom/ henne. Var försiktig med att använda orden "alltid" och "aldrig" i "fel" sammanhang. Säg till exempel inte: "du lyssnar *aldrig* på mig!" Använd snarare ord som "ibland" och "då och då." Se upp för falska anklagelser, överdrifter och generaliseringar.

5. Fokusera på problemet; inte personen.

Var fokuserad på själva problemet när ni diskuterar. Fokusera på *vad* som är rätt istället för *vem* som har rätt. Ta inte upp gamla misstag eller tidigare olösta problem. Ordspråksboken 17:9: *"Den som skyler synd främjar kärlek, den som river upp en sak splittrar nära vänner."* Skyll inte på varandra. Utgå från att ni båda vill förbättra en viss situation eller lösa ett visst problem istället för att anklaga varandra för att ha fel, angripa varandras personlighet eller påpeka den andres svaga punkter. Fokusera på beteenden; inte personen. Ni är ett team som löser ett problem tillsammans. Tänk dig att du befinner dig på samma sida av bordet och tar itu med problemet på motsatt sida.

6. Kom ihåg: Du behöver inte vinna.

Många gånger skulle ni behöva hitta en gemensam lösning på ett problem, särskilt när det gäller saker som berör er båda.

Det kan till exempel handla om hur man ska uppfostra sina barn, vart man ska åka på semester eller hur mycket pengar som ska spenderas på mammas födelsedagspresent. Försök hitta en "mellanväg", eller låt din partner bestämma om det inte är en stor sak för dig. Det är OK att ha olika åsikter och idéer gällande vissa saker, och ni behöver inte alltid tycka lika. Här är ödmjukhet och osjälviskhet nycklar till framgång. Kom ihåg att det inte handlar om att vinna en konversation; det handlar om att vinna en relation och lösa ett problem som ett team.

7. Ta timeout.

Under viktiga stunder i en basketmatch kommer tränaren att kräva en timeout. Orsaken till det kan vara att avbryta ett "negativt flöde" för laget eller ett "positivt flöde" för konkurrenterna. Timeout under en konflikt kan göras på grund av liknande orsaker. Ni kan behöva avbryta det känslomässiga tillstånd ni befinner er i. Om era känslor blivit överhettade är det bättre att ta en timeout genom att till exempel ta en kort promenad och diskutera vid ett senare tillfälle. Det kommer att vara nästintill omöjligt att lösa en konflikt om en av er är för känslosam under konversationen. Om du vill ha timeout, var vaksam på dina tankar. Tänk på hur ni kan vända konflikten och hitta en lösning.

8. Behåll respekten för din partner.

Undvik att kalla din partner vid namn som till exempel "idiot" eller säg "vad knäpp du är" eller liknande. Börja aldrig använda ordet "skilsmässa". Ord och uttryck som dessa kommer bara att skada ert äktenskap. **Att kritisera din partner är att attackera och sabotera för dig själv eftersom ni är ett team.** Välj att visa respekt gentemot din partner och utforska sätt att lösa konflikter på de mest optimala sätten. En aspekt av respekt är att aldrig tala negativt om din partner till era barn eller inför dem. Du visar respekt för din partner när du berömmer honom/henne framför dina barn. Det är också viktigt att skydda din partner i samtal med andra människor, oavsett om han/hon är närvarande eller inte. **Respekt börjar i sinnet**, så börja tänka positiva och upplyftande tankar om din partner (även om han/hon inte är perfekt), och säg inte något om din partner som du inte kan säga direkt till honom/henne. När du väljer goda tankar om din partner kommer det slutligen att påverka dina känslor. **Konflikter och oenigheter i ett äktenskap är oundvikliga.** Tillåt varandra att vara oense, men bygg respekt och tillit på ett sådant sätt att ni båda känner er trygga med att ingen av er kommer att överge den andre när konflikter sker.

9. Manipulera inte din partner genom att citera bibeln mitt i en konflikt.

Undvik kommentarer som exempelvis: "I bibeln står det att du ska underordna dig. Varför gör du inte det?" Uttalanden som dessa kommer bara göra saker värre. Ni kan diskutera Guds Ord och hur man applicerar det vid ett tillfälle när ni inte argumenterar i en konflikt.

10. Säg förlåt.

Ett underbart sätt att hedra din partner är att ta det första steget för att försonas. Detta är det viktigaste tipset vi kan ge dig när det gäller oenigheter och en av de viktigaste övergripande principerna för ett framgångsrikt äktenskap. För att vara den som tar första steget behövs ödmjukhet. Detta innebär att du måste "svälja din stolthet"; annars kommer din stolthet att komma i vägen varje gång. Kom ihåg den gyllene regeln: gör mot andra vad du vill att de ska göra mot dig. I Matteusevangeliet 6:14-15 står det: *"Ty om ni förlåter människorna deras överträdelser, skall er himmelske Fader också förlåta er. Men om ni inte förlåter människorna, skall inte heller er Fader förlåta era överträdelser."* Vilka är *"människorna"* här? Det innefattar *alla*, även din man/fru. Detta är en ganska allvarlig vers. Om vi vill ha Herrens förlåtelse så måste vi förlåta andra. **Förlåtelse är något som Gud förväntar sig att vi ska göra - att vi ber om förlåtelse och att vi förlåter andra**. I Matteusevangeliet 18:21-22 får Jesus en fråga av Petrus: *"Herre, hur många gånger skall min broder kunna göra orätt mot mig och ändå få förlåtelse av mig? ... ' Jesus svarade:'Jag säger dig: inte sju gånger utan sjuttiosju gånger.'"* Detta innebär att vi ska förlåta andra varje gång. Kanske det inte är lätt, men det är rätt. Och Jesus skulle inte ge oss ett bud om det inte gick att hålla. Det är med Hans hjälp som vi kan förlåta. Med Gud är allting möjligt.

Förlåtelse är en mycket central aspekt av det kristna livet. Martin Luther King Jr. sa: *"Förlåtelse är inte en tillfällig handling, det är en ständig attityd."* Ruth Bell Graham (fru till evangelist Billy Graham) sa att *"Ett bra äktenskap är en förening av två förlåtare."* Moder Teresa, en katolsk nunna som gav sitt liv till att betjäna fattiga människor i Calcuttas slum, sa en gång: *"Om vi verkligen vill älska måste vi lära oss att förlåta."* Vi kan inte bygga vare sig ett äktenskap eller någon annan typ av relation på bitterhet, ilska eller kritik. Att leva ett liv där det är lätt att erkänna fel och be om förlåtelse är mycket viktigt för varje person som vill ha kärleksfulla relationer. **Förlåtelse är frihet.** Det är viktigt när, varför och hur vi säger förlåt. Det finns tre enkla regler: att säga det snabbt, genuint och kärleksfullt. Någon sa en gång att den som säger förlåt avslutar grälet. Det är så sant. Äkta ånger och förlåtelse mjukar upp hjärtat, avslutar grälet och för personerna som grälat närmare varandra. **Uppriktig förlåtelse är ovillkorlig.** Det kan ta tid att återuppbygga förtroendet i ett äktenskap där konflikter orsakat mycket smärta. Men att använda dessa tre ord ofta: "Jag är ledsen", och verkligen mena dem, är en mycket kraftfull ingrediens till lycka i äktenskapet. Kasta sen oförrätten i "glömskans hav" och ta aldrig upp den till ytan igen. Sträva efter att älska människor mest när det är svårast att ge kärlek, för då behöver de det bäst. Förlåtelse är en livsstil av att vara kärleksfull och nådefull mot andra med medvetenhet om att de behöver det och att du själv kommer att behöva det en dag. Det är inte alltid lätt att leva upp till, men det är något eftersträvansvärt. Principen fungerar med både vuxna och barn. Om ett barn beter sig illa så är ibland det bästa vi föräldrar kan göra att bara hålla om barnet, att älska barnet mest när det är svårast att visa kärlek, för det är då barnet behöver det som bäst.

11. Red ut oenigheter innan ni går och lägger er.

Det bästa är om man löser meningsskiljaktigheter så snart som möjligt, efter att ni båda har lugnat ner er och är redo att finna en lösning. Olösta konflikter är som en cancercell - om den inte behandlas växer den, sprider sig och orsakar mer skada. I Efesierbrevet 4:26 står det att *"Grips ni av vrede, så synda inte.* **Låt inte solen gå ner över er vrede".** Lös eventuella oenigheter och konflikter innan ni lägger er. Då kan ni sova gott och vakna med ett rent samvete följande dag.

12. Samla inte på dig oförrätter.

En del människor samlar på sig små irritationer och en dag "exploderar" de. Sanningen är den att nedtryckt ilska är farlig för din själ, din hälsa och dina relationer. Lär dig istället att uttrycka känslor regelbundet på ett hälsosamt sätt.

13. Gottgör din partner.

Någon sa en gång att en bra ursäkt består av tre delar: ånger, ansvar och gottgörelse.

Det kan se ut på följande sätt:

Säg "Förlåt mig" (uttrycker ånger)
Säg "Det är mitt fel" (tar ansvar)
Säg "Vad kan jag göra för att göra det rätt?" (gottgörelse)

Problemet är att många glömmer bort nummer 3, nämligen att söka gottgöra eller återställa/återupprätta. Ditt mål är att kompensera för den andra personen, att återställa eller reparera den skada eller förlust som uppstått, när det är möjligt. Det kan innebära att vara extra transparent eller osjälvisk under en tidsperiod för att bevisa din kärlek och tillåta återuppbyggnad av förtroendet. Sök inte gottgöra din partner på det sätt som du själv tycker är bäst, men fråga hur du kan göra det på bästa sätt. Och kom ihåg att låta saker ta lite tid. Om till exempel tilliten naggats i kanten så kan din partner behöva tid att bygga upp förtroendet och tilliten till dig på nytt. Bibeln kallar detta omvändelsens frukt. Visa frukten av att du vill eller har ändrat dig. I Matteusevangeliet 3:8 står det: *"Bär då sådan frukt som hör till omvändelsen."* Det sista steget för att lösa konflikter är:

14. Acceptera det du inte kan förändra

Ibland är det inte möjligt då det behövs två personer för att lösa en konflikt. Paulus skriver om detta i Romarbrevet 12:18: *"Håll fred med alla människor så långt det är möjligt och beror på er."* Paulus skriver här att vi ska lösa konflikter så långt det är möjligt och beror på oss. Vi gör alltså vårt bästa i konflikthantering, men om den andra personen inte vill lösa konflikten så får du släppa det. Om du gjort allt som står i din makt för att lösa konflikter men din partner vägrar ge ett gott gensvar så kan du söka råd hos en själavårdare. Det bästa är om ni båda kan träffa en utomstående för att diskutera och få råd kring er situation. Om detta misslyckas kanske du tvingas sörja att din partner vägrar försonas, vilket inte är lätt men nödvändigt för att inte fastna i ilska som ofta får negativa konsekvenser. Här krävs vishet och ett beroende av Gud som den som leder, tröstar och fyller hjärtats inre med sin kärlek.

PLANERA IN "DU OCH JAG TID"

Om ni vill minimera risken för konflikter i ert äktenskap kan det vara bra att planera in regelbunden tid tillsammans där det finns utrymme att prata och dela vad som ligger på era hjärtan. Ha regelbunden "du och jag tid" när ni pratar om saker som berör er båda och försök sedan hitta lösningar tillsammans. **Ett moget par kommer kontinuerligt att arbeta med sin relation för att riva ner varje vägg som skiljer dem åt, där regelbunden tid tillsammans med förtroliga samtal har ett avgörande värde.** Ha gärna regelbunden "du och jag tid" några gånger i veckan. Regelbunden "du och jag-tid" är inte bara till för att minimera konflikt, utan för att bygga relationen med din partner. Att bara låta ert äktenskap "rulla på" och hoppas på det bästa kommer inte leda någonstans. Att planera tid för att bygga relationen djupare behöver göras med avsikt. Det kommer att fördjupa er förståelse för och kärlek till varandra. När Marie och jag (Andreas) hade som mest att göra så schemalade vi tid med varandra. Det kan låta märkligt, men det var en period vi hade så otroligt mycket aktiviteter så det var nödvändigt att göra så. Då var det också enkelt att säga att vi hade ett möte den tiden på den dagen.

GÖR INTE EN HÖNA AV EN FJÄDER

Kanske har du hört uttrycket "gör inte en höna av en fjäder". Det innebär att något obetydligt beskrivs som väldigt viktigt. Fundera över om det är värt att bli arg för en viss sak, eller om du ska spara din ilska tills den verkligen behövs. Stör du dig på småsaker hos din partner? Gör du saker större än de egentligen är? Är det värt att kommentera det eller är det bättre att låta det gå dig förbi?

SKAPA ETT FRIDFULLT HEM

Eftersom det kanske inte är möjligt att ha ett hem helt fritt från oenighet och konflikt kan ett par skapa ett hem där det finns frid och där oenigheter diskuteras med respekt. Om båda parter upprätthåller en respektfull, kärleksfull och osjälvisk attityd gentemot varandra är chansen stor att ni båda kommer att njuta av att vara hemma eftersom det finns minimalt med konflikt och maximalt med frid närvarande. Och vem vill inte ha det? Om ni redan har oenigheter och konflikter i ert hem kan ni göra något åt det och lösa det. **Prata ofta och ärligt med varandra, be tillsammans och finn vägar för att skapa det drömhem som ni önskar.**

GULDKORN

- När Andens liv fyller oss så kan vi skapa frid med andra.
- Var försiktig med att använda orden "alltid" och "aldrig" i "fel" sammanhang.
- När ni diskuterar er relation, betona "jag" istället för "du".

- Att kritisera din partner saboterar för dig själv då ni är ett team som spelar i samma lag.
- Respekt börjar i tankarna.
- Lös konflikter innan ni lägger er; låt aldrig solen gå ner över er vrede.
- Om vi verkligen vill älska måste vi lära oss att förlåta.
- Tre enkla regler för att säga förlåt: säg det snabbt, genuint och kärleksfullt.
- Den som säger förlåt avslutar grälet.

MEDITATION

"Ty om ni förlåter människorna deras överträdelser, skall er himmelske Fader också förlåta er.." (Matteusevangeliet 6:14)).

REFLEKTION

Respekt börjar i dina tankar. Be och fundera över om det är något som du behöver be din partner om förlåtelse för? Det kan vara felaktiga tankar, attityder eller handlingar.

| 4 |

BYGG LÅNGSIKTIGT

Med tillit som hörnsten

ÄKTENSKAPETS HÖRNSTEN

I Ordspråksboken 3:5-6 står det: *"Förtrösta på Herren av hela ditt hjärta, förlita dig inte på ditt förstånd. Räkna med Honom på alla dina vägar, så ska Han jämna dina stigar."* Förtröstan eller tillit är en hörnsten för vår relation med Gud. På samma sätt är tillit till din partner en hörnsten i äktenskapet - den läggs först för att äktenskapet ska kunna bli stabilt, utvecklas och byggas långsiktigt. En hörnsten binder samman två väggar och skapar stabilitet och håller en struktur/byggnad uppe och förhindrar rasrisk. Tillit till varandra kommer skapa en enorm stabilitet och binder samman er i äktenskapet.

LOJALITET SKAPAR TILLIT

Henry Ford fick en fråga på sin 50-åriga bröllopsdag om sitt lyckliga äktenskap och hur det kunnat hålla så länge[3]. Hans svar förvånade nog många. Han svarade: "Precis som i bilbranschen, håll dig till en modell". Lojalitet skapar tillit. Hur kommer det sig att vissa par inte bara håller ihop utan fortsätter att vara kära i varandra år efter år och till och med i decennier? En anledning är att de har värderat lojalitet högt; de lovade en gång att älska varandra till livets slut och att de skulle vara trogna varandra och det löftet de gett varandra, oavsett utmaningarna i livet. Det heter ju "tills döden skiljer oss åt", även om man nu i vissa sammanhang ändrat det till "tills livet skiljer oss åt". När ett gift par väljer att vara lojala mot varandra, både emotionellt och fysiskt, så hedrar de de äktenskapslöften som de en gång ingick när de sa ja inför Gud vid altaret.

ÖMSESIDIG TILLIT ÄR AVGÖRANDE FÖR ETT SUNT ÄKTENSKAP

Ömsesidig tillit i ett äktenskap innebär att man helt och hållet litar på varandra. Tilliten är grunden för kärlek och intimitet. Om tillit saknas i ett äktenskap kan osäkerhet och misstänksamhet ta över, vilket kan orsaka argument och oändliga frågor som: "varför är du så sen efter jobbet?", "var har du varit?" och "vem pratade du med?" Denna typ av ifrågasättande kan bli ett laddat ämne i de dagliga konversationerna. Visst är det inte fel att fråga sin partner dessa typer av frågor, men när det blir överdrivet och med misstanke bakom blir det ett problem. Dessutom kanske den misstänksamma partnern inte nöjer sig med de svar som den andra partnern ger, men kräver bara mer och mer information. Till slut har man hamnat i en kontroll-situation. Dr. Robb Thompson säger: *"Kännetecknet på en sund relation är trygghet, vilket är ett resultat av tillit"*[4]. Tillit är avgörande för ett sunt och lyckligt äktenskap!

TILLIT BÖRJAR I DINA TANKAR

Kom ihåg att tillit och förtroende börjar i ditt sinne; i tankarna du tänker om din partner. Detsamma gäller misstro. En önskan om att träffa en annan partner börjar alltid i sinnet, och därför är det mycket viktigt att skydda sitt tankeliv. Du kan välja vilka tankar du tillåter i ditt sinne. Paulus talar om detta i Guds Ord: *"...allt som är sant och värdigt, rätt och rent, allt som är värt att älska och uppskatta, allt som kallas dygd och förtjänar beröm, tänk på allt sådant"* (Filipperbrevet 4:8). Du kan inte hjälpa en flyktig tanke att komma, men du kan välja om du vill nära den eller avvisa den. Tänk och tro det bästa om din partner; att han/hon har de bästa avsikterna, kan fatta kloka beslut och går att lita på. Vi pratar inte om att du ska vara naiv och förneka fakta om det finns uppenbara områden av misstro. Poängen är att **fokusera på det positiva i din partner och tro det bästa om honom/henne**. Positivt tänkande manifesterar kärlek i er relation och får relationen att blomstra.

10 SÄTT ATT BYGGA OCH STÄRKA TILLIT

Ett gift par behöver regelbundet sträva efter att stärka banden dem emellan på olika sätt. Nedan följer några konkreta tips på hur tillit kan byggas och stärkas:

1. Be tillsammans.

"A couple that prays together stays together". Att be tillsammans stärker relationen och skapar tillit. Dels förändras vi själva när vi ber, och dels kan situationer förändras genom bönen. Allt är möjligt för Gud!

2. Tala uppbyggande ord till din partner.

Hota aldrig din partner med skilsmässa. Tänk inte ens på "skilsmässa", för när du väl börjar tänka på det kommer du sannolikt bli frestad att hota med det när meningsskiljaktigheter eller gräl uppstått. Munnen talar var hjärtat är fullt av (Lukasevangeliet 6:45). När du talar ut det är risken större att det till slut blir ett faktum. **Tankar leder till ord som leder till handling**. Kom ihåg att **det finns kraft i dina ord**. *"Tanklösa ord kan hugga som svärd, men de visas tunga ger läkedom"* (Ordspråksboken 12:18). Ord kan skada andra. Barn är särskilt sårbara för detta, men även många vuxna kan minnas ord som skadat dem, som ett svärd som går in i hjärtat och sen etsar sig fast som en tanke som är svår att bli av med. Nedbrytande ord kan följa en person genom hela livet och påverka dennes beslut och syn på sig själv och andra. I Ordspråksboken 12:25 står det att **ett vänligt ord ger hjärtat glädje**. Vidare skriver Paulus i Kolosserbrevet 3:8: *"Men nu ska ni också lägga bort allt detta: vrede, ilska, ondska, förtal och fräckhet från er mun".* Som troende bör vi ständigt vakta vår tunga med vilken vi kan förmedla både liv och död. Tänk och tala därför positivt till din partner och ert äktenskap. Bygg upp istället för att riva ner.

3. Tala uppbyggande ord om din partner.

För att tillit ska flöda behöver du tala gott om din partner till andra. Om du upplever att ditt äktenskap är på väg åt fel håll är vårt råd att börja tala tro över det. *"Tro är grunden för det vi hoppas på. Den ger oss visshet om det vi inte kan se"* (Hebreerbrevet 11:1). **Tro är en attityd av optimism.** Tala ut att ingenting är omöjligt för Gud (Lukasevangeliet 1:37). Tala ut tro över det du vill se i ert äktenskap, i din partners liv och i ditt eget liv. Det är så lätt att dras med när andra pratar illa om sina partners. Fall inte för den frestelsen. Låt dina ord vara sådana som syftar till att bygga upp. Vår bön bör vara som Davids i Psaltaren 19:15: *"Låt min muns ord och mitt hjärtas tankar behaga Dig, Herre, min klippa och återlösare."*

4. Uppskatta din partner för den han/hon är.

När du uppskattar din partner för det enkla faktumet att han/hon är den unika, värdefulla och speciella person som han/hon är, så skapar det förtroende och tillit. Låt det inte finnas några dolda motiv såsom utseende och pengar. Vi träffade en gång en kvinna som uttryckte att hon gift sig med sin man så att hon kunde stanna permanent i landet där han var medborgare. En annan kvinna berättade att hon gift sig med sin man eftersom han var mycket välbärgad. Det här är sorgliga livshistorier. Tänk att vara den mannen och få reda på att kvinnan han gift sig med inte gjort det på grund av kärlek, men för något helt annat. Lev därför med rent samvete genom att ha tydliga motiv kring varför ni är gifta. Uppskatta och älska din partner på ett sätt som får honom/henne att känna sig speciell och värdefull för den han/hon är. Detta skapar tillit i er relation.

5. Älska och respektera varandra.

Romarbrevet 13:8: *"Var inte skyldiga någon något, utom i detta att älska varandra."* 1 Petrus brev 2:17a skriver: *"Visa aktning för alla..."* Kärlek och respekt är viktiga ingredienser i ett lyckligt äktenskap. Faktum är att Efesierbrevet 5:25 säger: *"Ni män, älska era hustrur, så som Kristus älskat församlingen..."* Då kan man fråga sig hur mycket älskade Kristus församlingen? Han dog för den, eller hur? Så män, innan du säger att din fru ska underordna sig dig, se till att hon är medveten om att du är villig att dö för henne och lägga ner ditt liv för henne. Det börjar där, kära vän, i Efesierbrevet 5:33: *"...vad er angår ska var och en älska sin hustru som sig själv."* Bibeln säger vidare i vers 33: *"...och hustrun ska visa respekt för sin man."* Det kan knappast bli mer tydligt än så. **Kärlek och respekt hör tätt samman.** Det finns goda förutsättningar för att frun kommer respektera sin man om han älskar henne så som Kristus gjorde, det vill säga att han lägger ner sitt liv för henne. Likaså finns det goda förutsättningar att mannen kommer att älska sin fru om hon visar honom respekt. Respektlöst beteende skadar nämligen relationer. Att såra varandra fysiskt, sexuellt eller verbalt eller att avvisa varandra leder till brist på tillit. Kontroll, utpressning, hot och emotionell manipulation genom exempelvis gråt eller vredesutbrott för att få sin vilja igenom är andra sätt att snabbt förstöra ett äktenskap. Besluta er för att följa Guds Ord som uppmanar till kärlek och respekt.

6. Skapa ett öppet samtalsklimat.

Lär känna varandra väl och skapa ett öppet samtalsklimat. Ta för vana att inte sopa någonting under mattan. Dela era känslor, tankar, problem, glädjeämnen och vardag med varandra. På det sättet förstår ni varandra och den andres behov bättre. Detta är en grundförutsättning för en tillitsfull relation. Ärlighet och öppenhet är ett måste. Det finns ingen anledning att dölja saker för varandra i ett äktenskap. Undvik att skapa onödig misstänksamhet. Det finns ingen möjlighet att skapa sann enhet och samtidigt dölja saker eller ljuga för varandra. Öppenhet bygger tillit och intimitet i relationen. Var öppen med vad du gör, vart du är och vem du träffar - just för att ni bestämt er för att lita på varandra. Det skapar trygghet och enhet i er relation. Det finns ingen anledning att inte berätta. **Vi förespråkar en "öppen-bok-policy" där ingenting är hemligt, men det finns en total öppenhet och ärlighet**. Ett par som tillämpar en "öppen-bok-policy" öppnar upp sig själva och delar saker medvetet. Ni är som en öppen bok för varandra. Detta har ingenting att göra med att försöka kontrollera varandra, utan syftar till att skapa förtroende, trygghet och intimitet. Ju mer ni lär känna varandra, desto mer kan ni känna er trygga att öppna upp och dela ert inre med varandra. Detta tar tid. Kom ihåg att **när förtroendet fördjupas är sårbarhet inte längre en svaghet utan en styrka**. Du känner dig säker i relationen och att du kan vara 100 % öppen och ärlig. Det kan fördjupa relationen ännu mer. När ni lär känna varandra mer och djupare genom åren och delar allt kommer ni sannolikt att upptäcka att kärleken till varandra ökar. Varför är det så? För ju mer ni vet om varandra - varandras bakgrund, barndomsminnen, erfarenheter, rädslor och drömmar - desto mer kommer ni att förstå varandras behov och på ett bättre sätt kunna möta de behoven, och så fördjupas kärleken ytterligare. Genom transparens i äktenskapet behöver man inte vara rädd för att visa sina brister, från sitt ostyriga hår på söndagsmorgonen till sin rädsla för mörker, fobier eller vad det nu kan vara. I en relation där det finns tillit skapas en atmosfär av kärlek och frihet. Tillit byggs upp där det finns transparens, och där det finns transparens eller "ljus", kan det inte finnas några "garderobsspöken" eller mörka hemligheter. I bibeln kan vi läsa om att *"...Gud är ljus och att inget mörker finns i Honom"* (1 Johannes brev 1:5). Där ljuset är finns inget mörker, för *"...ljuset lyser i mörkret, och mörkret har inte övervunnit det"*. När ni jobbar mot att ha transparens i er relation bidrar det till ärlighet och frihet från misstankar, lögner och svartsjuka.

7. Be om förlåtelse.

Att be om förlåtelse är en oerhört viktig del av att bygga tillit. När båda parter har förlåtelse som en värdegrund i äktenskapet så bygger det trygghet och tillit i relationen. Det finns en grundtanke om att försoningen är extremt viktig. I 1 Johannes brev 4:10 står det: *"Detta är kärleken: inte att vi har älskat Gud, utan att Han har älskat oss och sänt sin Son till försoning för våra synder".* **Försoning är en central aspekt av det kristna livet.** Förlåtelse och försoning bör också vara en central del av det kristna äktenskapet. Det är Guds vilja att vi förlåter och försonas. Laura Luchies, biträdande direktör för Calvin College Center for Social Research, säger att tillit verkar förvränga människors minne av det som varit.[5] Hon menar att när det finns tillit i en relation är chansen att misstag kommer att uppfattas som enstaka händelser större. När en person litar på sin partner, även om denne gör fel och begår misstag, så finns det en större förståelse och nåd gentemot den andra personen. **Ett gift par som litar på varandra blir mer förlåtande mot varandra!** Motsatsen är också sann. När det inte finns någon tillit kommer ni att se genom misstrons lins, och små misstag kan förstoras, vilket gör det svårare att förlåta.

8. Låt Andens frukt växa.

"Andens frukt däremot är kärlek, glädje, frid, tålamod, vänlighet, godhet, trohet, mildhet, självbehärskning" (Galaterbrevet 5:22-23). När den Helige Ande får vara i centrum av äktenskapet och Andens frukter får ta sig uttryck i relationen kan inte mycket

gå fel. I versen innan uppmanar Paulus de kristna att inte vara självniska, gräla eller ha vredesutbrott. De som lever så ska inte ärva Guds rike. **Tillit byggs där de andliga frukterna flödar.** Där finns en trygghet att våga vara den man är och uttrycka det man känner utan att vara rädd för konsekvenserna. Anden hjälper oss i våra svagheter, och Han kan hjälpa oss att kommunicera med vänlighet och självbehärskning, så att vi istället för att bryta ner bygger upp vår partner.

9. Ta inte varandra för givet.

På bröllopsdagen lovade ni att älska, hedra och vårda varandra livet ut. Därför är det viktigt att inte ta varandra för givet. Var inte slarvig med ditt äktenskap. Hitta en balans när det gäller att ge tid och energi till andra saker och människor så att inte äktenskapet försummas, för det kan leda till problem i er relation. Att vårda och investera tid, pengar och energi in i ert äktenskap och prioritera er relation högt kommer sannolikt leda till att tilliten stärks. Det är som att bygga en skyskrapa - om du inte spenderar tillräckligt med tid för att bygga en stadig stabil grund så kan du inte bygga tillräckligt högt. Tillit är, som nämnts tidigare, grunden som resten av relationen vilar på. Om ni inte bygger tillit begränsar ni hur djupt ert äktenskap kan gå. Kom ihåg att **varje blomma behöver vatten för att växa**. Om ni lämnar äktenskapet utan omsorg kommer det att vissna och slutligen tyna bort. Ett förhållande är väldigt likt en blomma. Ju mer ni bryr er om det, desto mer kommer det att växa, och ju mer tillit kommer finnas.

10. Skapa en "vi-mentalitet."

För att bygga ett äktenskap med ömsesidig tillit är det viktigt att ha en "vi-mentalitet". Ibland kan man undra varför vissa personer överhuvudtaget har en relation med varandra. De verkar så självupptagna och planerar till stor del sina liv utifrån vad de själva vill. De umgås mer med sina egna vänner än sin partner och gör inga gemensamma aktiviteter. Dessutom ser de till att det alltid finns en flykt-klausul i relationen. Det verkar vara som att leva som singel, men ändå under samma tak som sin partner. Det är fascinerande att så många människor som är i en relation vill komma ur den, och samtidigt vill så många som inte är i en gå in i en. Som gifta behöver vi säga till varandra: **"Allt jag är och har är ditt."** Detta beskriver själva grunden i förbundstanken. Det finns ett åtagande att leva och fungera som ett gift par. Det finns en "vi-mentalitet". Som gift par är man fortfarande två individer men ändå finns det en stor känsla av enhet och laganda. När ni blir "ett" i alla aspekter av livet, till exempel att dela känslor och drömmar, diskutera era gemensamma ekonomiska mål, föräldraskap och vad ni ska göra på en helg eller semester, kommer ert äktenskap ha goda odds att blomstra. En känsla av enhet sker inte över en natt, så ge tid att bygga den teamkänslan i er relation. **Allt ni tänker, säger och gör i ert äktenskap kommer i det långa loppet antingen att föra er närmre eller längre ifrån varandra**. Var en relationsbyggare i allt ni gör. Involvera er i varandras dagliga angelägenheter och skapa en sann "vi-mentalitet".

Låt oss ge ett exempel. Du planerar för några finansiella investeringar och du läser rapporter om det aktuella börsläget. Du kliar dig i huvudet och funderar på vad du ska investera i. Din partner, som inte är så intresserad av finansiella investeringar sitter bredvid dig och frågar dig vad du gör. För att skapa större enhet tar du tid att förklara dina investeringsalternativ, fördelarna och nackdelarna, och frågar om hans/hennes åsikt. Eller så kanske du kommer hem från jobbet och du assisterade vid en mycket komplicerad operation. Du är utmattad och känner inte för att prata med någon. Din partner frågar hur din dag har varit. Du kan välja att vara kort och säga "OK" eller så kan du involvera din partner, även om han/hon inte vet något om thoraxoperationer. Du förklarar kärleksfullt hur det fungerar och vad som hände under operationen. Återigen skapas en "vi-mentalitet" genom öppenhet och transparens.

BRISTANDE TILLIT

Bristande tillit är ett stort problem i många relationer. Oavsett om orsakerna handlar om pengar, lögner, otrohet eller något annat så skadas relationen. De beteenden som orsakar bristande tillit kan vara svåra att ändra på då de kan vara av komplex natur och kan ha pågått under en lång tid. Problemet är att när misstro kommit in i relationen kommer den att fortsätta eskalera om den inte tas itu med. När en person observeras genom misstrons lins påverkas uppfattningen av det som den personen säger eller gör. Därför är det av avgörande betydelse att hantera negativa tankar, för **en tanke blir snart ord och slutligen blir orden handlingar**. Någon sa en gång: "Så en tanke och du skördar en handling; så en handling och du skördar en vana; så en vana och du skördar karaktär; så karaktär och du skördar ett öde."

MÖJLIGA ORSAKER TILL BRISTANDE TILLIT

Några vanliga orsaker till bristande tillit är:

1. Brist på öppenhet och ärlighet.

När en person vägrar att dela med sig av sitt personliga liv som att prata om arbete, planer, drömmar och känslor kan förtroendet lätt försvinna. En del har svårare att prata om känslor, men det kan inte vara en ursäkt för att inte göra det. Det kan ta tid, men är man en mer introvert person så behöver man träna på att vara öppen och ärlig med sin partner och bjuda in till förtroliga samtal. Sikta på ett öppet samtalsklimat som nämnts tidigare i detta kapitel.

2. Underlåtenhet att hålla löften och åtaganden.

När löften har brutits om och om igen händer det att det som sägs tas emot med en "nypa salt". "Tja, han gjorde inte vad han sa de senaste gångerna, varför skulle han göra det nu?" Bestäm dig för att vara en person som håller det du lovar. Om du är osäker på om du kan hålla ett löfte, lova inget. Låt ditt ja vara ett ja och ditt nej vara ett nej (Matteusevangeliet 6:37). Att hålla sina löften bygger trygghet och tillit i alla relationer. Öva på att säga vad du menar och mena vad du säger.

3. Sexuell otrohet.

Att vara sexuellt otrogen är en mycket skadlig form av svek och medför en omedelbar brist i tilliten. Som troende utsätts vi konstant för prövningar och frestelser. Fienden kommer för att stjäla, slakta och förgöra (Johannesevangeliet 10:10). Han vill stjäla er glädje och förstöra ert äktenskap och familj. För att förebygga attacker mot ert äktenskap är det viktigt att vara medveten om det andliga krig som pågår. Be regelbundet tillsammans för ert äktenskap, ha en öppen och ärlig relation och försumma inte ert sexuella samliv. Man skulle kunna säga att det är en del av det andliga kriget. Är det sexuella behovet mött så minskar riskerna att den ena eller andra letar efter att få behov mötta på annat håll och vara otrogen. Jesus adresserar detta i Matteusevangeliet 5:28. Han säger bland annat: *"Jag säger er: den som ser med begär på en kvinna har redan begått äktenskapsbrott med henne i sitt hjärta"*, det vill säga varit otrogen. Jesus påpekar att den som *ser* med begär på en kvinna begår äktenskapsbrott. Detta är så mycket mer än bara en blick. Någon översatte det med att stirra. Det handlar alltså inte bara om en mental observation. Det Jesus talar om handlar om att stanna, gå tillbaka och att låsa fast sitt sinne. Det är alltså inte bara en lustfylld blick åskådaren är ute efter, utan lust från en målmedveten blick eller handling. Om ert äktenskap inte är sunt och ni har problem på detta område - sök hjälp snabbt. Om det är något som saknas i din relation med Gud, om det är något i ditt hjärta som är fel, gör något åt det. Erkänn din synd, erkänn din oförmåga och gå till Jesus för nåd, förlåtelse och kraft. Han kommer att hjälpa dig.

4. *Emotionella band till annan person av motsatt kön.*

Att utveckla en nära relation till en person av det motsatta könet utanför äktenskapet kan bli lika allvarligt som sexuell otrohet. Man förlitar sig på den andra personen och öppnar upp om personliga problem och relationsfrågor och skapar ett beroende av den personen utanför sitt egna äktenskap. Detta innebär risker eftersom det ofta leder till sexuell otrohet. Det finns ett ordspråk på engelska som säger; *"if you play on the edge of sin, it won't take long until you fall in".* Det är avgörande att sätta gränser när man är ensam med människor av det motsatta könet. Det kan vara gränser som att aldrig spendera tid ensam med det motsatta könet och besluta att inte dela alltför intima eller personliga saker från ditt liv eller relation. Det är lättare att undvika frestelser än att motstå dem. Med andra ord, undvik att sätta dig i en situation där du kan frestas att göra något du ångrar senare. **Ett ögonblick av njutning är inte värt den långsiktiga smärtan och konsekvenserna av den.** Och kom ihåg att sexuell kontakt enligt USA:s rättssystem "bara" är på nivån att *"ha **en avsikt** att direkt eller genom kläderna beröra könsorganen, anus, ljumske, bröst, inre lår eller skinkor **med en avsikt** att väcka eller tillfredsställa någon persons sexuella lust[6]."*

5. Pornografi.

Websters ordbok definierar pornografi på följande sätt: *"Skildring av erotiskt beteende (som i bilder eller skrift) avser att orsaka sexuell upphetsning[7]".* Pornografi är mycket destruktivt för alla relationer. Det kan ha en till synes ofarlig början som att läsa tidskrifter med sexuellt innehåll eller titta på bilder online, men dessa bilder brukar "fastna" i hjärnan och orsaka sexuella fantasier som ofta leder till en önskan om mer. Detta startar ofta en nedåtgående spiral i livet som om det inte tas itu med kan sluta med otrohet.

Dr. Patrick F. Fagan skriver i sin forskningsuppsats att användningen av pornografi är en väg till otrohet och skilsmässa och anses många gånger vara en vanlig orsak till äktenskapskriser[8]. Vidare nämner Dr. Fagan att användningen av pornografi ökar graden av sexuell otrohet med 300 %. Dr. Fagan hävdar även att *"pornografi skadar vuxna, barn, par, familjer och samhälle. Bland ungdomar hindrar pornografi utvecklingen av en sund sexualitet, och bland vuxna snedvrider den sexuella attityder och sociala verkligheter."*

Vår starka övertygelse är att pornografi är synd och skadar relationer. Synd orsakar död i en relation och endast omvändelse och förlåtelse kan bryta den negativa påverkan som pornografi har. I familjer leder användningen av pornografi ofta till missnöje i äktenskapet, otrohet, separation och skilsmässa. Vissa hävdar att pornografi är ofarligt så länge det bara är för privat bruk, men det är nog långt ifrån sanningen. Det påverkar snarare varje relation personen har.

Kort sagt, det här är fem vanliga orsaker till bristande tillit. Det här är "fällor" att se upp för i ert äktenskap. Om du eller din partner fastnat i något av dessa beteenden, var inte orolig. Det finns en väg ut. Så vart börjar ni om ert äktenskap har förlorat tilliten och ni båda vill bygga upp det igen?

4 PRAKTISKA STEG FÖR ATT ÅTERUPPBYGGA TILLIT

1. Se och ta itu med problemet.

Ni behöver fullt ut se och ta itu med problemet som är orsaken till den brustna tilliten. Detta är det allra första steget att ta. Om en partner inte kan eller vill se att det finns ett problem så blir det svårt med förändring. Då är det bara att fortsätta be för din partner. Ödmjukhet och omvändelse behövs. En vilja att förbättra och ta ett steg av omvändelse är nyckeln till framgång här. Stolthet och rädsla måste slängas bort. Detta inkluderar att möta alla aspekter av problemet, inklusive ditt eget bidrag till det. När du uppriktigt börjar möta problemet och inse hur det verkligen är så kommer du att vara redo för nästa steg. Du behöver inse att problemet påverkar din partner och din relation.

När vi har suttit ner med par där en har varit otrogen, försöker vi få den som varit otrogen att se magnituden av problemet för partnern - att de sår och den smärta som är åsamkat inte bara kan förbises med en blinkning. I många fall bad vi mannen att tydligt avsluta relationen med den kvinna han varit otrogen med, radera hennes telefonnummer samt lova att inte besvara några fler meddelanden. Vi uppmuntrade honom också att byta jobb om det var så att kvinnan arbetade på samma arbetsplats - allt detta för att hjälpa till att visa att han menade allvar med att han ville ha sin fru tillbaka. Vi uppmuntrade även total transparens från mannens sida i allt. Det kunde innebära att vara mycket öppen med vart han befann sig och vem han var tillsammans med, eller se till att komma hem direkt efter jobbet de flesta kvällarna i veckan. Då går det snabbare att bygga upp tillit. Det krävs ibland drastiska åtgärder för att börja återuppbygga tillit i en relation.

2. Tala om hur ni känner.

Ge varandra tid och utrymme att ventilera känslor. Försök att öppna upp och sätta ord på era upplevelser. Försvara er inte eller förminska det som hänt; det kommer aldrig att fungera. Försök förstå varandras situation. **Större förståelse leder ofta till större intimitet**. Kom ihåg att inte avbryta, utan låt istället din partner avsluta vad han/hon skulle vilja säga. Även om du kanske inte håller med om vissa saker eller tycker att information är osann eller orättvis, vänta med att prata tills det är din tur. När du kommunicerar, lyssna och tala med respekt. Undvik skuldbeläggande kommentarer som "Men du sa ...", "Men det var för att du ..." och "Jag skulle inte ha sagt det om du inte hade gjort... "Pajkastning" leder aldrig någonstans, men kommer snarare att eskalera intensiteten i konversationen. Ha som mål att ha sakliga och respektfulla konversationer i en lugn samtalston om det som hänt.

3. Be om förlåtelse.

Ta fullt ansvar för det du själv har gjort. Be genuint om förlåtelse och förvänta dig inte ett direkt "ja, visst!" Om du har skadat din partner kan det ta lite tid för honom/henne att förlåta, men det är verkligen upp till din partner. Om du har bett om förlåtelse har du gjort din första del och då kan du börja fundera på vad du kan göra för att bygga upp tilliten som skadats? Om du varit otrogen kan du inte spola tillbaka tiden och låtsas som att det inte hänt, men du kan göra ditt bästa för att kompensera för din partner. Ta reda på vilket sätt du kan göra det i dialog med honom/henne. Många par vittnar om att efter en "stor storm", när lugnet av förlåtelse och försoning sätter sig, så blomstrar och fördjupas relationen ännu mer.

4. Visa kärlek.

Din partner behöver extra mycket kärlek och omsorg efter att tilliten skadats. Visa tillgivenhet genom fysisk beröring och kärleksfulla ord. Efter ett svek av någon form gäller det dock att gå varsamt fram. Det kan ta tid för den som blivit sviken att komma över ett svek, så gå inte för fort fram här med beröring eller kärleksord. Uppskatta din partner och visa honom/henne uppmärksamhet. Notera små detaljer och var uppmuntrande. Till exempel kan du säga: "du ser riktigt bra ut i den klänningen", "jag märker att du tvättade bilen, tack snälla" eller "tack så mycket för att du lagade en så härlig middag." Som vi nämnde tidigare, **ta inte varandra eller varandras insatser för givna.**

UTAN SANNING FINNS INGEN TILLIT

En av mina chefer sa en gång till oss anställda: *"mina anställda kan begå vilka misstag som helst, men den dagen ni ljuger för mig blir ni sparkade".* Varför är just sanningen så viktig? För **utan sanning finns ingen tillit**, och utan tillit kan inte relationen fungera optimalt. Eftersom ett lyckligt äktenskap vilar på en grund av tillit så är det klokt att anstränga sig för att skapa det. Tillit behövs i alla aspekter av äktenskapet. När tilliten skadas, till exempel genom otrohet, kan detta medföra svåra konsekvenser för den som blivit bedragen. Sexuell trohet är en avgörande faktor för ett lyckligt äktenskap. Det är en oerhörd utmaning för den partner som blivit bedragen av sin man/fru. Det skadar relationen och tilliten raseras. Samtidigt är det definitivt möjligt att återhämta sig från sexuell otrohet. Det finns nåd och hjälp att få.

Här kommer några tips om vad du kan göra om du har svikit eller blivit sviken av din partner.

"JAG HAR SVIKIT MIN PARTNER - VAD GÖR JAG NU?"

Vare sig det handlar om fysisk otrohet eller pornografi så har du svikit din partner. Här är några tips vad du kan göra:

- **Klipp alla band med den du varit otrogen med.** Radera kontaktuppgifter, konton på sociala medier etc.; allt som är nödvändigt för att minimera risken att det inträffar igen.
- **Berätta sanningen för din partner.** Ge information om otroheten om din partner vill ha det.
- **Be om förlåtelse.** Låt din partner veta att du är uppriktigt ledsen för hur detta har påverkat honom/henne. Förlåtelse är ett avgörande steg mot intimitet.
- **Var tålmodig och ge din partner utrymme att ventilera sin ilska och sorg.** Visa att du är en god lyssnare.

Sätt dig in i hans/hennes situation och visa extravagant empati. Fortsätt lyssna på din partner.
- **Gör det lilla extra för att "make it up" till honom/henne.** Det kan betyda att du är extra öppen med vem du pratar med, vad du gör etc. Kom ihåg: inga hemligheter!
- **Ta fullt ansvar för det du har gjort.** Fokusera på att återuppbygga förtroende och visa extravagant nåd och empati för din sårade partner.
- **Sök professionell hjälp.** Bekänn problemet genom att berätta för en pastor, själavårdare, samtalsterapeut eller någon annan med konfidentialitet. Det kommer att vara det första steget för att hitta frihet.
- **Ta kontroll över ditt tankeliv och vad du ser på.** Otro börjar i sinnet. Det du tillåter dig se eller tänka på kommer vara en startpunkt för trohet mot din partner. Analysera ditt tänkande och dina fantasier och försök förstå dem. Se vad dina sanna önskningar är och försök sedan att möta dem på ett hälsosamt sätt. *"...Vi gör varje tanke till en lydig fånge hos Kristus"* (2 Korinterbrevet 10:5b). I Romarbrevet 12:2 läser vi: *"Och anpassa er inte efter den här världen, utan låt er förvandlas genom förnyelsen av ert sinne så att ni kan pröva vad som är Guds vilja; det som är gott och fullkomligt och behagar Honom."* Genom att använda gummibandsprincipen, som handlar om att störa ohälsosamma tankemönster, så kan du bygga en "avfart". Principen handlar om att bryta gamla mönster i hjärnan som tidigare skapats. Det funkar inte att bara försöka att inte tänka på den där oönskade tanken. Ju mer du

försöker, desto mer kraft får tanken. Du måste avbryta den och ersätta den med en annan tanke. Sätt ett gummiband på handleden. När en oönskad tanke inträffar, dra ut och släpp gummibandet på handleden som svar på den tanken. Detta kommer att avbryta tankeprocessen och skicka en signal om smärta till hjärnan att inte stanna kvar vid den tanken. Välj därefter att tänka en annan tanke omedelbart som exempelvis "jag älskar verkligen min fru." Denna tanke ersätter nu den gamla tanken. Så varje gång du ser en vacker kvinna/stilig man och det sätter igång dina känslor och fantasier knäpper du gummibandet, och i stället för att få den positiva kemiska reaktion för den tanken (skapad av encefalin och endorfiner) får tanken en signal av smärta. Om du genast drar ut och släpper gummibandet och väljer en annan tanke varje gång den oönskade tanken inträffar, under tre veckors tid, "renoveras" din hjärna och ditt tankemönster kan brytas.

- **Gör vad du kan för att undvika frestelser**. Om du ofta hamnar bakom din datorskärm på nätterna efter att din familj gått och lagt sig kan du istället gå och lägga dig samtidigt som dem. Du kan installera ett filter för att blockera åtkomst till webbplatser med pornografiskt innehåll. Använd aldrig din bärbara dator eller dator i ett stängt rum. Undvik platser där det finns lättklädda kvinnor. Gå en annan väg hem om det behövs. Sluta umgås med de vänner som drar dig in, tills du hittar seger på detta område.

- Låt helande ta tid.

"JAG HAR BLIVIT SVIKEN AV MIN PARTNER - VAD GÖR JAG NU?"

- **Uttryck dina känslor.** Ilska, chock, sorg, sorg och frustration är vanliga känslor som följer medvetandet om att din partner har varit otrogen.
- **Kom ihåg att skydda din partner, trots det han/hon har gjort.** När saker och ting har löst sig vill du säkert inte att hela världen ska veta om vad som hänt.
- **Ställ frågor till din partner.** Om du känner att du behöver veta saker om det som hänt - ställ frågor.
- **Förlåt din partner.** Förlåtelse är mer än en känsla - det är ett beslut du tar, och därefter brukar känslorna följa efter, så du måste vara villig i ditt hjärta att förlåta din partner. Kom bara ihåg, förlåtelse är inte att godkänna, acceptera eller göra fel till rätt; det frigör dig helt enkelt från vad den andra personen gjorde mot dig.
- **Ge dig själv tid att sörja.** Sorg tar ofta tid. Du behöver inte skynda på processen och snabbt komma över den; låt det hellre ta sin tid.
- **Reflektera över vad som har hänt och vart det började gå fel.** Har du en roll att spela? Trots att otrohet aldrig är berättigat, tänk efter om det var något i ert äktenskap som du gjorde för att bidra till händelsen. Har behoven inte tillgodosetts i relationen? Har det saknats kärlek och tillgivenhet? Har det varit ständigt tjat och

gräl? Ofta finns det bakomliggande orsaker till att saker händer. Det är inte en ursäkt för det som har hänt, men kanske en förklaring. Det kan vara flera faktorer som spelat in. Att inse att otrohet vanligtvis är ett symptom på ett olyckligt äktenskap kan få ett par att förändra saker i sin relation och på så vis växa närmare varandra.

- **Reflektera över nuet och framtiden.** Var otroheten en engångsincident? Är din partner uppriktigt ledsen och ångerfull för det han/hon har gjort? Beroende på vad svaren är på dessa frågor kan du fatta ett klokt beslut vad du ska göra härnäst. Kom ihåg att alla kan göra misstag, så låt inte en incident som denna radera det ni har byggt upp. Överväg att ge din partner en andra chans. Vad par har övervunnit tillsammans kommer vanligtvis att göra deras förhållande starkare och djupare. Ett gammalt par fick frågan om hur de lyckades hålla ihop i 65 år. Hustrun svarade: "Vi föddes i en tid där saker som gick sönder fixades istället för att slängas bort..." Vi får inte glömma att även om relationen gått sönder finns det med Guds hjälp både upprättelse, helande och en bättre framtid. Om din partner upprepade gånger fortsätter att vara otrogen och inte har för avsikt att sluta sitt engagemang med andra partners, kan du överväga att ni går skilda vägar.
- **Be till Jesus och ta emot helande.** Jesus är den som helar och upprättar dig. Psalm 30:3: *"Herre, min Gud, jag ropade till dig och du helade mig."* I Psaltaren 147:3 läser vi: *"Han helar dem som har förkrossade hjärtan och förbinder deras sår."* Smärtsamma minnen kan läkas. Låt helande och upprättelse ta den tid det tar.

- **Sök professionell hjälp.** Överväg att söka stöd från en pastor, själavårdare, kurator eller samtalsterapeut, alternativt delta i en supportgrupp för personer som varit med om samma problem. Detta varar vanligtvis under en kortare tid, men det kan vara mycket effektivt.
- **Öppna upp för intimitet.** Håll inte tillbaka utan släpp det förflutna och försök att njuta av närheten igen. Ta det långsamt. Bit för bit kan du komma tillbaka.

VÄGEN TILLBAKA

När ett par har gått igenom allvarliga problem och stora utmaningar i sin relation kan vägen tillbaka till intimitet vara lång och ojämn. Det måste få ta den tid det tar. Faktum är att tid kan ha en läkande effekt. Det är absolut möjligt att återhämta sig och reparera relationen igen, och par vittnar om att efter de kommit igenom en kris så har deras relation blivit starkare och djupare. Psalm 121:1-2 *"Jag lyfter mina ögon till bergen. Varifrån kommer min hjälp? Min hjälp kommer från Herren, som har gjort himmel och jord"*.

GULDKORN

- Tillit är en hörnsten i äktenskapet
- Att vara "ett" innebär att allt jag är och har är min partners.
- Ömsesidig tillit är grunden för kärlek och intimitet
- Förlåtelse betyder inte att du accepterar eller godkänner vad den andra personen gjort, men det befriar dig.
- Tro är en attityd av optimism.

- Låt helande ta tid.
- *"Ni män, älska era hustrur, så som Kristus älskat församlingen..." (Ef. 5:25)* Han dog för den!
- A couple that prays together stays together (ett par som ber tillsammans håller ihop).
- Par som övervunnit problem av tillit tillsammans kommer sannolikt få en starkare och djupare relation.

MEDITATION

Ef. 5:33 *"Men vad er angår, ska var och en älska sin hustru som sig själv, och hustrun ska visa respekt för sin man."*

REFLEKTION

Diskutera med varandra hur ni upplever att er öppenhet mellan varandra fungerar i er relation. Finns det förbättringspotential? I så fall, vad skulle ni kunna göra för att förbättra transparensen i er relation?

| 5 |

ANDLIG ENHET

Välsignelsen med andlig tillväxt i äktenskapet

Paulus bad för de kristna i Efesos att Gud skulle ge dem kraft och styrka genom Anden, att Kristus skulle bo i deras hjärtan och och att de skulle bli rotade i kärleken (Efesierbrevet 3:17). Följden av detta är ett löfte: *"Då ska* **ni tillsammans** *med alla de heliga kunna fatta bredden och längden och höjden och djupet och lära känna Kristi kärlek, som går långt bortom all kunskap. Så ska ni bli helt uppfyllda av all Guds fullhet"* (Efesierbrevet 3:18-19). Vidare skriver Paulus i Efesierbrevet 4:15: *"Nej, vi ska hålla fast vid sanningen i kärlek och på alla sätt växa upp till Honom som är huvudet, Kristus."* I en annan översättning står det att vi ska växa "i alla avseenden". **Gud vill att varje troende växer andligt -** att vi lär känna Jesus mer och mer, att vår kärlek till Honom och andra växer och att vi blir mer lika Honom.

I Ordspråksboken 4:18 står det skrivet: *"De rättfärdigas stig är som gryningens ljus, som växer i klarhet tills dagen når sin höjd."* Job förkunnar: *"Men den rättfärdige håller fast vid sin väg, och den som har rena händer blir starkare."* I det kristna livet finns det ingen plats för lathet eller att man stannar i växten. I Filipperbrevet 2:3b-4 skriver Paulus: *"...Var i stället ödmjuka och sätt andra högre än er själva. Se inte till ert eget bästa utan också till andras. Var så till sinnes som Kristus var."* **Målet med andlig mognad är att vi blir mer och mer lika Kristus** - att vi blir lika Honom i sinnelag, tankar, ord och handlingar. Den andliga tillväxten är en livslång resa tills vi slutligen får möta Herren ansikte mot ansikte.

HUR VÄXER VI ANDLIGT?

När jag (Marie) var barn sjöng vi ofta en sång i söndagsskolan vars text etsat sig fast i mitt minne: *"Läs din bibel, be varje dag, be varje dag, be varje dag. Läs din bibel, be varje dag om du växa vill".* Denna sång är oerhört simpel, men så grundläggande. Ett liv i Guds Ord och ett liv i bön lägger grunden för förändring och andlig mognad. I 1 Korintierbrevet 15:33 kan vi läsa att *"...Dåligt sällskap fördärvar goda vanor."* Av detta kan vi dra slutsatsen att vi blir lika de vi spenderar tid med. Detta är så sant. Om du spenderar tid med negativa människor så är sannolikheten stor att du blir mer och mer som dem. Om du hänger runt människor som har tro och lever ett liv i Guds kärlek och kraft så är sannolikheten stor att du blir mer och mer lik dem. **Ju mer** tid du spenderar med Jesus, ju mer lik Honom blir du. Genom regelbunden bön och bibelläsning blir du mer känslig för Anden, och du drivs att vilja göra mer för Honom och Hans rike. Detta bidrar till vidare andlig tillväxt, längtan att betjäna människor och ha gemenskap med andra troende.

BÖN ÄR EN ANDLIG KAMP

Fienden är angelägen om att kristna inte ber. Bön stör hans planer och därför attackerar han troende med trötthet, oro och modlöshet för att hindra oss från att investera tid i bön. Han påverkar våra känslor så att vi inte "känner" för att be. I 2 Korintierbrevet 2:11 står det att vi känner till satans avsikter. Även om vi börjar be blir vi ofta hindrade av satans attacker på våra känslor så att vi ber "lite grann". Men sanningen är den att **uthållig bön kan åstadkomma så mycket!** I Guds närvaro kan du berika Guds folk med himmelska skatter. Du kan bära frukt i det fördolda genom dina böner! Bönen är en andlig kamp som du och jag behöver övervinna igen och igen. Här behöver vi troende uppmuntra varandra - att peppa varandra till att söka Gud i bön, både enskilt och gemensamt med andra.

ANDLIG ENHET I ÄKTENSKAPET

När vi frågade ett flertal kristna gifta par om deras gemensamma böneliv så fann vi att bara ca 10 % bad tillsammans, trots att de var aktiva i kyrkan. Man kan undra vad det beror på, men en anledning är säkert att fienden inte vill att troende ska be, och särskilt inte gifta par. Varför? För att den starkaste enheten mellan människor finns just i äktenskapet. Fienden vet att när troende kommer samman och är överens i bön, och kanske då i synnerhet ett gift par, då händer det mirakler. **Genom att be tillsammans bjuder ett gift par in Gud i sitt hem där Hans nåd och välsignelser kan flöda.** Det skapar även känslomässig intimitet. Vi kan inte nog betona vad gemensam bön gör för gifta par, både på en individuell nivå och i relationen dem emellan. Det finns kraft i gemensam bön!

KRAFTEN I BÖN

Det finns flera fördelar med både individuell bön och att regelbundet be som ett gift par.

- **Jesus lovar oss sin närvaro när vi ber tillsammans.** Matteusevangeliet 18:20 säger: *"För där två eller tre är samlade i mitt namn, där är jag mitt ibland dem."* Detta är så fantastiskt! Tänk att Han är där när gifta par ber tillsammans! Bön bjuder in Jesus i er relation.
- **Bön håller oss ödmjuka.** När vi ödmjukar oss i bön är våra hjärtan öppna för förändring och själviskheten får ta baksätet. Vi ser våra egna blindfläckar och beteenden som inte behagar Gud. Vi kan välja att omvända oss från synd och få ta emot förlåtelse. I 1 Johannesbrevet 1:9 står det: *"Om vi bekänner våra synder, är han trofast och rättfärdig, så att Han förlåter oss våra synder och renar oss från all orättfärdighet."* Omvändelse leder ofta till att vi beter oss bättre

mot varandra i äktenskapet. Bön lugnar ner våra känslor och hjälper oss att lösa konflikter.
- **Bön hjälper oss förlåta och be om förlåtelse.** När Jesus som är ljuset kommer så uppenbaras mörkret inom oss och måste fly. Vi kan se om vi har något otalt med vår partner och få mod och kraft att ta itu med det.
- **Bön ökar kärleken till vår partner och ger enhet.** Bön ger oss förändrade perspektiv. Vi ser personer och situationer mer som Gud ser dem. När jag och min man ber tillsammans ökar vår tillfredsställelse i äktenskapet. Vi känner oss mer enade och mer kära i varandra. Bön får oss att uppskatta varandra mer. Gemensam bön stärker banden i äktenskapet. När ett gift par ber tillsammans påminns de om den enhet de har som ett team - de två står på samma sida och driver mot samma mål.
- **Bön ger vägledning.** Gud leder oss genom sin Ande. I Psalm 143:10 står det: *"Lär mig att göra din vilja, för Du är min Gud. Låt din gode Ande leda mig på jämn mark."* Den Helige Ande är kompassen i våra dagliga val och beslut. Han manar oss och leder oss. Simon leddes av Anden att gå in i templet där Jesus var (Lukasevangeliet 2:27). Jesus leddes av Anden ut i öknen för att bli frestad av djävulen (Lukasevangeliet 4:1-2a). Paulus hindrades av den Helige Ande att förkunna ordet i Asien vid en viss tidpunkt. På samma sätt vill den Helige Ande leda oss i alla våra företaganden. Han vill vägleda er som gift par och som familj, så att ni kan göra det Gud vill.

- **Bön föder tro.** Att be, och särskilt att be i Anden (med tungotal) föder tro. Judas brev 1:20: *"Men ni, mina älskade, skall uppbygga varandra på er allra heligaste tro. Be i den helige Ande."* Min man och jag brukar be i tungor tillsammans. Det är underbart att bara be i Anden. När vi sen ber på svenska så föder det tro i vår hjärtan. Vi får rätt perspektiv på våra svårigheter och utmaningar. Vi får ny tro för det omöjliga. I bön föds också tro för andra människor; för deras frälsning, helande och frihet.
- **Bön banar väg för genombrott.** I Matteusevangeliet 7:7 står det: *"Be, och ni ska få. Sök, och ni ska finna. Bulta, och dörren ska öppnas."* Genom bön verkar Gud i våra liv. Han vill överösa oss med allt sitt goda. Jakobs brev 1:17 säger: *"Alla goda och fullkomliga gåvor är från ovan och kommer ner från ljusens Fader. I honom sker ingen förändring eller växling av ljus och mörker."* Gud har goda gåvor att ge oss: glädje, frid, helande, ekonomiskt genombrott, styrka etc., men Han vill att vi ska komma till Honom och be om det!
- **Bön ger frid.** Vem vill inte ha frid i den trasiga och oroliga värld som vi lever i? När vi ber med tacksägelse så lovar Gud att bevara våra hjärtan i frid! I Filipperbrevet 4:6-7 stå det: *"Bekymra er inte för något, utan låt Gud få veta alla era önskningar genom bön och åkallan med tacksägelse. Då ska Guds frid, som övergår allt förstånd, bevara era hjärtan och era tankar i Kristus Jesus."* Är inte detta fantastiskt? Bön förvandlar ett oroligt hjärta till ett fridfullt hjärta! Bön

är som att bada i en sval oas med vatten efter en lång vandring i öknen. Det är uppfriskande och förnyande!

VAD SKA MAN DÅ BE FÖR?

Här är lite vägledning:

- **Sök Gud tillsammans.** Min man och jag brukar ibland bara sätta på lovsång och söka Gud tillsammans. Ibland tar vi en promenad och ber utan att ha en agenda. Att söka Guds ansikte som man och fru är en gåva som vi fått. Det skapar en underbar andlig enhet i äktenskapet.
- **Be för ert äktenskap.** Som nämnts ovan så attackerar fienden äktenskap. Be att ert äktenskap ska vara starkt, fyllt av glädje och vara en välsignelse till andra. Det behövs äktenskap där man och fru är förebilder för hur man kan älska varandra ett helt liv och växa och mogna andligt tillsammans.
- **Be för varandra.** Att lägga händerna på sin partner och be för honom/henne är härligt! Ingen känner väl din partner bättre än du (förutom Gud). Att kunna lyfta upp varandras problem, behov och visioner/drömmar är en förmån. Skapa en rutin att be för varandra regelbundet.
- **Be för era barn, familjer och vänner.** Barn är en Guds gåva. Från de är små och genom hela livet behöver de sina föräldrars förböner. Be att de får lära känna Jesus från en tidig ålder. Be att de gåvor Gud lagt ner i dem får blomstra. Be om hälsa, vänner och en bra skolgång. Välsigna era barn. När våra barn var små sjöng vi en sång varje kväll

som välsignelse över våra barn. Melodin är den välkända hymnen "Fäst dina ögon på Jesus." Den går så här:

"Bless my daughter (name), whom I love so very very much. Bless with health, strength and love, bless with peace from above, bless with all the goodness of Christ."

"Bless my daughter (name), whom I love so very very much. Bless with wisdom and grace, hold her in your embrace. Protect her from evil, I pray."

- **Be för församlingen, människors frälsning, politiker, landet, världen** (1Tim 2:1-3). Be för välsignelser över torra hjärtan och torra platser.

GUDS ORD I CENTRUM

"Läs din bibel, be varje dag om du växa vill" löd sången jag (Marie) sjöng i söndagsskolan som barn. Att ha Guds Ord i centrum av äktenskapet och familjen är också viktigt för den andliga gemenskapen och tillväxten. Att läsa bibeln ihop och diskutera kring det är ett underbart sätt att växa andligt tillsammans. Diskutera söndagens predikan hemma. Lyssna på poddar med olika talare och låt Guds Ord förvandla er.

KRAFTEN I BIBELLÄSNING

Matteusevangeliet 4:4 påminner oss om att vi behöver mer än fysisk mat för att överleva - vi behöver Guds Ord till vår andliga mat. Gud vill att vi lever av Ordet. I Hosea slog Gud hårt mot israeliterna för att de glömde Hans lag. Vi kan inte leva av Ordet om vi inte investerar tid i att läsa det och låta det sjunka in i våra tankar och hjärtan, och finnas på våra läppar. I Josua 1:8 står det: *"Låt inte denna lagbok vara skild från din mun. Tänk på den både dag och natt, så att du håller fast vid och följer allt som är skrivet i den."* Tänk på Guds Ord dag och natt. Wow! Om vi inte läser bibeln så glömmer vi den och då kan vi inte tänka på den. Sanningen är den att ju mer du läser Ordet, ju mer vill du ha av det, och ju mer du vet desto mer inser du att du inte vet. **Guds Ord är gott.** David skriver i Psaltaren 119:103: *"Vad ljuvligt Ditt Ord är på min tunga, sötare än honung i min mun."* Psaltaren 119:16: *"Jag har min glädje i Dina stadgar, jag glömmer inte Ditt Ord."*

VAD GÖR GUDS ORD I VÅRA LIV?

Guds Ord är livsförvandlande! Här är några saker som Guds Ord gör i våra liv:

- **Guds vilja blir känd för oss.** Bibeln är Guds Ord. I Ordet får vi veta vem Gud är och vad Hans vilja är. När vi läser och studerar Gamla Testamentet, evangelierna, Apostlagärningarna och breven, så ser vi Guds frälsningsplan. Psalm 119:41: *"Låt Din nåd komma över mig, Herre, och Din frälsning enligt Ditt Ord."* Guds karaktär och handlande med sitt folk blir uppenbart för oss.
- **Det ger oss vishet och råd.** Psaltaren 119:24: *"Dina vittnesbörd är min glädje, de är mina rådgivare."* I Guds

Ord finns vägledning och vishet om livet - relationer, hanterande av pengar, tankelivet etc. Bibeln är vår livsmanual. Ta bara Ordspråksboken som ett exempel. Där finns det så mycket vishet!

- **Det hjälper oss att inte synda.** Psaltaren 119:4: *"Hur kan den som är ung hålla sitt liv rent? Genom att hålla sig till Ditt Ord."* Psaltaren 119:11: *Jag gömmer Ditt Ord i mitt hjärta för att jag inte ska synda mot dig."* Hur kan detta vara möjligt? Jo, Guds Ord förvandlar våra tankar och vi får nya perspektiv och förnyade sinnen.
- **Det bygger tro.** Tro är den grundläggande ingrediensen för att kunna ha en relation med Gud. Tro är en övertygelse om att det som står i Ordet kommer ske. Hebreerbrevet 11:1: *"Tron är en övertygelse om det man hoppas, en visshet om ting som man inte ser."* Hur kommer då tro? Genom Guds Ord. Romarbrevet 10:17: *"Alltså kommer tron av predikan och predikan genom Kristi Ord."* När vi hör Guds Ord så får vi tro. Vi behöver tro för att leva det kristna livet. I Hebreerbrevet 11:6 kan vi läsa: *"Utan tro är det omöjligt att behaga Gud, för den som kommer till Gud måste tro att Han finns och att Han lönar dem som söker Honom."* När gifta par läser och studerar Ordet tillsammans kommer tron att växa.
- **Det ger oss styrka och tröst.** Psalm 119:50: *"Det är min tröst i mitt lidande att Ditt Ord ger mig liv."* Hela Psaltaren är fylld av bibelverser där David finner styrka och tröst genom Guds sanningar som är skrivna i bibeln.

- **Det förvandlar oss.** Guds Ord har skapande kraft och ger oss nya perspektiv på människor och situationer. Det har kraft att förändra våra motiv och attityder när Guds sanningar uppenbaras för oss. Förlåtelsen, försoningen, friden, kraften, glädjen och andra viktiga sanningar sätter oss fria. När vi bedjande läser Guds Ord med förväntan om att Anden ska tala genom det så förvandlar det oss.

LÅT GUDS ORD HA EN CENTRAL PLATS

Som gifta är det en oerhörd välsignelse att leva i och av Guds Ord. Det är en livs-manual för alla beslut som fattas. **Om ni sätter Guds Ord högst i era liv så blir beslutsfattandet enklare i er relation**. Ni har en gemensam värdegrund och en moralisk kompass för era liv och ert äktenskap. Om ni har gemensamma värderingar om saker som till exempel som att tala sanning, ta del i församlingslivet, betala tionde eller vad det nu må vara, så kan ni alltid referera tillbaka till det som står i Guds Ord. Låt Guds Ord ha en central plats i ert äktenskap. Smith Wigglesworth, en välkänd väckelseevangelist som levde med enorma under och tecken, ska ha sagt följande om Guds ord: *"För det första, läs Guds ord. För det andra, uppsluka ordet tills det uppslukar dig. För det tredje, tro på ordet och för det fjärde, handla på ordet".* Det var hur mycket vikt han lade vid Guds ord.

ANDLIG TILLVÄXT GENOM SVÅRIGHETER OCH PRÖVNINGAR

Vi växer inte bara genom bön och bibelläsning, men även genom andra viktiga saker såsom gemenskap med andra troende, tjänande, tillbedjan och genom svårigheter. Alla möter vi svårigheter i livet. Bibeln talar om detta på flera ställen. Jakobs brev 1:2-4 uppmanar oss att *"Räkna det som ren glädje, mina bröder, när ni råkar ut för olika slags prövningar. Ni vet ju att när er tro prövas ger det uthållighet. Och uthålligheten leder till fulländad gärning, så att ni blir fullkomliga och hela, utan brist på något sätt."* I den här versen står det *när* ni råkar ut för prövningar, inte *om*. Vi bör vara förberedda och inte överraskas när svårigheter och prövningar kommer i vår väg, för de är en del av det kristna livet. Jesus sa till sina lärjungar att *"...I den här världen får ni lida, men var frimodiga: jag har övervunnit världen"* (Johannesevangeliet 16:33b).

Alltför ofta ser vi svårigheter och prövningar från det negativa perspektivet och vi tror inte att glädje kan existera i svårigheter, men **vi behöver se att prövningar är möjligheter att med glädje mogna till Kristuslikhet**. I Jakobs brev 1 står det att prövningar avser att pröva vår tro och skapa andlig uthållighet. Svårigheter och prövningar är vad träning är för en atlet - de leder till uthållighet. Atleten ser fram emot fysiska och mentala utmaningar för att han/hon ser de fördelar som kommer av träningen. Utan svårigheter skulle vår kristna karaktär förbli omogen. **Tro som prövas blir äkta och kompromisslös tro** (1 Petrusbrevet 1:6-7). Någon sa att **antingen**

blir vi bittra eller så blir vi bättre av svårigheter och prövningar (either you become bitter or you become better). Det är så sant, livets svårigheter och prövningar förändrar oss till det bättre eller det sämre. *"Det är för er fostran som ni får utstå lidande..."* (Hebreerbrevet 12:7). Längre ner i vers 10 står det att Gud gör det *"...för vårt bästa, för att vi ska få del av Hans helighet."* När vi går igenom svårigheter tillsammans och väljer att lita på Gud genom det så kommer vi växa andligt.

INDIVIDUELL EMOTIONELL HÄLSA

Genom de andliga disciplinerna såsom bön och tillbedjan kommer Gud ofta och rör vid oss, och då sker förändring. **En underbar konsekvens av gemenskapen med Herren är att Han ofta visar oss saker i våra liv som behöver tas itu med**: synd, inre sår och trasiga minnen. Om du är villig att ta itu med det så kan en process starta så att du kan bli emotionellt hel. Dessa faktorer påverkar nämligen både dig själv och din partner mer än vad du kanske tror.

Liza och John hade varit gifta i tre år. I början verkade allting bara bra, men med tiden upplevde John att Liza började bli mer och mer misstänksam mot honom. När John slutade jobbet ringde Liza nästan direkt och frågade vart han var. Om han kom hem några minuter senare än vanligt blev han utfrågad vart han varit och vem han varit med. Liza började checka Johns telefon för att se vilka samtal som gått in och ut och hur länge de pågått. Om hon inte kände igen något nummer frågade hon honom vem det var och vad de pratat om. Det värsta för John var när Liza började misstro honom att han var otrogen. En dag när John hade jobbat över ute hos en kund och batteriet på telefonen hade tagit slut så var Liza helt hysterisk när han till slut kom hem. Hon skrek och anklagade honom för att inte vara ärlig och ifrågasatte om han träffade någon annan. John kände sig uppgiven då han bara hade blivit kvar hos en kund som ville ha lite extra information om en produkt. Han hade glömt sin telefonladdare hemma och hade dessutom fastnat i en bilkö pga. en olycka på motorvägen. Situationen blev till slut ohållbar och John initierade ett besök hos en äktenskapsrådgivare som gav råd till Liza att söka individuell själavård. Några månader senare hade Liza fått hjälp att ta itu med ouppgjord synd, en trasig barndom och oförlåtelse gentemot sin pappa. Detta ledde till att Liza med tiden kunde bygga upp en ny tillit till John och inte längre kände sig misstänksam mot honom. Gud hade tagit hennes sorg och förkastelse som lett till kontrollbehov och gett henne frihet och ett nytt mod att kunna lita på andra människor.

Kanske känner du igen dig i berättelsen om John och Liza. Det kanske handlar om andra saker i ditt äktenskap. Det rör sig kanske om svartsjuka och misstänksamhet pga. osäkerhet och sår från barndomen. Det kanske handlar om inlärda beteenden från föräldrar eller andra som gjort att man regelbundet har vredesutbrott och säger ord som man senare ångrar.

Att vara emotionellt hel är en av de bästa gåvor du kan ge till din partner. **Individuell emotionell hälsa är avgörande** för ett hälsosamt och lyckligt äktenskap. Följande problem är ett axplock av exempel på konsekvenser av emotionell ohälsa, men de kan också utgöra själva grundproblemet:

- **Oförlåtelse.** När en person vägrar förlåta någon som gjort dem illa skapar det ofta flera andra problem i den personens liv, till exempel hat, bitterhet och hämndbegär. Förlåtelse är möjligt, eftersom Jesus själv ber oss förlåta sju gånger sjuttio gånger, det vill säga varje gång (Matteusevangeliet 18:22). Be Jesus hjälpa dig att förlåta andra.
- **Ilska.** Ilska är en naturlig känsla. Efesierbrevet 4:26 säger *"Grips ni av vrede, så synda inte."* Det står *när* vi grips av vrede, inte *om*. Så när vi gör det ska vi inte synda genom exempelvis fysiskt utåtagerande. Versen framhåller också att vi inte ska lägga oss på kvällen utan att ha gjort upp med ilskan. Som ett gift par är det bibliskt att ta itu med ilskan eller konflikten innan läggdags för att kunna somna i frid och vakna upp nästa morgon utan spänningar.
- **Svartsjuka.** Svartsjuka kan uppstå i relationer - i synnerhet i parrelationer. Svensk MeSH från Karolinska Institutet definierar svartsjuka som en "irrationell reaktion med inslag av sorg, dålig självuppfattning, antagonism mot rivalen och självkritik"[9] Svartsjuka är en stark känsloreaktion på att någon annan person än en själv blivit föremål för partnerns uppmärksamhet, omsorg och kärlek.
- **Offermentalitet.** En person som har en offermentalitet ser sig själv som ett offer. Han/hon ger skulden till alla

andra och har liten insikt i sitt eget ansvar till att man mår som man gör. Detta går i linje med nästa problem:
- **Negativtitet.** Jag (Marie) minns en person jag besökte en gång som oroat sig för ett eventuellt cancerbesked under flera veckors tid. När personen slutligen fått alla provsvar och slutbesked från undersökningen som *inte* påvisade cancer så trodde jag att hon skulle vara lättad och glad. Istället klagade hon över att hon fått vänta jättelänge på taxin tillbaka från kliniken. Majoriteten av israeliterna kom inte in i det förlovade landet för att de gnällde och klagade. De valde att se tillbaka på det de hade, trots att de var slavar i ett främmande land. Vi kan välja att se det vi inte har eller det vi har. Eric Idle skrev låten "Always look on the bright side of life". Att se saker från den positiva sidan är inte alltid lätt. Men tro och positivitet hör ihop. I Filipperbrevet kan vi läsa: *"För övrigt, bröder: allt som är sant och värdigt, rätt och rent, allt som är värt att älska och uppskatta, allt som kallas dygd och förtjänar beröm, tänk på allt sådant."* När vi zoomar in våra tankar på det Paulus beskriver här så kommer vi att bli mer positiva. Gör positivitet till ett dagligt val i ditt liv - välj att tänka positiva tankar och tala positiva ord. Tro är positiv!
- **Kritik.** Paulus skriver till församlingen i Efesos: *"Låt inga smutsiga ord komma över era läppar, utan bara det som är gott och bygger upp där det behövs, så att det blir till glädje för dem som hör det"* (Efesierbrevet 4:29). Hur sant är inte detta för oss idag! Det vi talar är så viktigt. **Kritik förstör relationer.** Att kritisera är att uttrycka någons fel på ett

ogillande sätt eller uttrycka en dom över någon. **När en eller båda parter börjar kritisera den andre så är det ett säkert sätt att förstöra intimiteten i äktenskapet.** Även om du kanske inte gillar vissa egenskaper eller handlingar hos din partner, så bör du vara mycket försiktig med vad du säger. Att tala kritiserande till eller om din partner är mer skadligt än kanske många tror. Om det finns en kritisk jargong mellan er båda är det oerhört viktigt att ta itu med det. Ord har makt att bygga upp eller bryta ner. Prata istället kärleksfullt med din partner om saker som du inte håller med om.

- **Själviskhet.** Att ha ett överdrivet fokus på sig själv är ett dåligt sätt att bygga ett lyckligt äktenskap. En gång pratade jag (Marie) med en tjej som desperat letade efter en man att dela livet med. Jag frågade henne vad det viktigaste är för henne i ett förhållande. Hennes svar var: "Jag vill att mannen jag träffar ska ha minst en magisterexamen. Jag vill att han ska köra sin egen bil eftersom jag inte vill köra runt honom i min. Och slutligen vill jag att han ska älska mig mer än jag älskar honom." Hon skojade inte, men menade allvar. I en sådan situation kan det vara svårt att finna en livspartner. **Det är när själviskheten tar över som många relationer kraschar.** När vi kommunicerar självisk med någon annan så är det som att ha en monolog med ett vittne. Vi fokuserar bara på oss själva och är inte villiga att lyssna in den andres behov eller åsikter. Själviskhet är ett säkert sätt att förstöra relationer, eftersom man inte tar hänsyn till andra människor. Vi ser ett bra exempel på osjälviskhet i Efesierbrevet 5:21: *"Underordna er varandra i vördnad för Kristus".* Det finns ingen själviskhet i det. I Galaterbrevet 6:2 står det: *"Bär varandras bördor så uppfyller ni Kristi lag",* och i Johannes 15:12 säger Jesus: *"Detta är mitt bud: att ni ska älska varandra så som jag har älskat er".* Jesus älskar dig och mig otroligt mycket. Det är upp till oss att ta den kärlek vi får av Honom och hitta sätt att föra den vidare till andra. **Sann kärlek är alltid osjälvisk.** Varför? För att den alltid handlar om andra. Det som är spännande är att Guds rikes principer kan ses lite upp och ner. När Jesus dog på korset och lade ner sitt liv för mänskligheten såg det ut som ett stort nederlag, men det ledde istället till den största triumfen i mänsklighetens historia.

Listan kan göras lång över problem relaterade till emotionell ohälsa, till exempel kontrollbehov, manipulation, emotionell otillgänglighet, depression, bitterhet, fruktan, förkastelse, osäkerhet, rebelliskhet och dålig självkänsla. Dessa problem kan härstamma från olika trauman i livet såsom våld i hemmet, skilsmässa, sjukdom, mobbing, psykisk ohälsa etc. Om du känner igen dig i något av dessa problem så behöver du ta itu med det - både för din egen skull och för din partners.

HELANDE, BEFRIELSE OCH UPPRÄTTELSE

Kanske du känner igen dig i de problem som beskrivs ovan. Vad gör du då? Följ några enkla steg i tro att det finns helande, befrielse och upprättelse för dig:

- **Identifiera problemet.** Det viktiga här att identifiera att det är något osunt som pågår i relationen, och avgöra om det är problem på en individuell nivå som påverkar er relation eller om det är ett problem mellan er båda. Om det är ett individuellt problem så behöver man ta itu med det på ett individuellt plan. Ett helt "jag" skapar ofta ett helt "vi" och med det växer ni andligt!
- **Kom till Jesus.** Tre nyckelbegrepp här: omvändelse från synd, förlåtelse mot andra och bön om helande, befrielse och upprättelse. Jesus dog på korset, inte bara för dina synder och fysiska sjukdomar, men också för att upprätta dig på insidan. I Psalm 147:3 läser vi att *"Han helar dem som har förkrossade hjärtan och förbinder deras sår."* **Jesus vill hela dig på alla plan.** Det finns läkedom både för dig som individ och för äktenskapet som förbund. I Lukasevangeliet 4:18 säger Jesus: *"Herrens Ande är över mig, för han har smort mig till att förkunna glädjens budskap för de fattiga. Han har sänt mig att utropa frihet för de fångna och syn för de blinda, att ge de förtryckta frihet."* **Jesus kom för att frälsa, hela, befria och upprätta!** Den här versen är Jesu arbetsbeskrivning – det var det Han gjorde när Han var här på jorden och det är det Han gör idag, för Han är densamme igår, idag och för evigt. Låt oss kika

lite närmre på den här versen. Uttrycket "frihet för de fångna" är på engelska "heal the brokenhearted", dvs. att "hela de förkrossade". "Brokenhearted i originaltext betyder "totalt krossad" eller "nedbruten", och används till exempel när kvinnan med alabsterflaskan krossade flaskan för att smörja Jesus för Hans begravning. Ordet för "hela" i den grekiska orginaltexten är *iaomai,* vilket betyder att bota eller göra hel. Detta ord används på flera ställen i bibeln när Jesus botade sjuka, till exempel kvinnan med en blodsjukdom. Vad kan vi dra för slutsats av detta? Jo, att människor kan "gå sönder" och krossas på insidan av olika saker, men att när Jesus var på jorden så kom Han i Andens kraft för att hela det som gått sönder. Jesus är densamme idag. Halleluja! Du kanske tänker: "Hur kan Jesus förstå mig?" Jo, för Han gick igenom smärta själv. Jesaja 53:3-4: *"Han var föraktad och övergiven av människor,* **en smärtornas man** *och* **förtrogen med lidande***. Han var som en som man skyler ansiktet för, så föraktad att vi inte respekterade Honom. Men det var våra sjukdomar Han bar,* **våra smärtor tog Han på sig***..."* Jakob skriver *"Närma er Gud så ska Han närma sig er"* (Jakobs brev 4:8). Herren är där oavsett hur du känner dig. Vare sig du är i ensamhet eller tvåsamhet så kommer dina djupaste behov främst bli tillfredsställa i Jesus Kristus. **Han älskar dig så mycket och vill att du inser ditt eget värde.** Den gamla sången *"Du vet väl om att du är värdefull"* är så sann. ... *"Att du är viktig här och nu... Att du är älskad för din egen skull... För ingen annan är som du..."* Du är viktig, älskad och unik. Hur

ser du på dig själv? **Vad tänker du om dig?** Bibeln säger att du är skapad övermåttan underbar! (Psaltaren 139).
- **Sök professionell hjälp.** Sök upp en mogen kristen person som du har förtroende för. En pastor eller själavårdare kan vara ett gott stöd i processen. Det kan också vara så att du behöver hjälp både i bön och i processen mot genombrott, särskilt om det handlar om svåra trauman eller problem som varat under mycket lång tid.
- **Bryt dåliga vanor och beteenden.** Även om Herren gjort ett verk av helande, befrielse och upprättelse i dig så behöver du ofta välja att bryta dåliga vanor och beteenden regelbundet. Fienden vill hålla dig kvar i det gamla, men i Gud och Hans ord finns seger över varje frestelse.
- **Tro på en bättre morgondag.** I Hebreerbrevet 11:1 står det att *"Tro är grunden för det vi hoppas på. Den ger oss visshet om det vi inte kan se."* Vad har du för drömmar om din situation och din relation? Ge inte upp! **När vi ger upp kan vi gå miste om det bästa Gud har att erbjuda.** 2 Korintierbrevet 4:16-17: *Därför ger jag inte upp. Även om min yttre människa bryts ner förnyas min inre människa dag för dag. Mina kortvariga lidanden väger ju oändligt lätt mot den överväldigande, eviga härlighet de bereder åt mig, som inte riktar blicken mot det synliga utan mot det osynliga.* Vi har en underbar framtid. Tro på den! "We may not know what the future holds but we know who holds the future!"

ANDLIGT MOGNA MÄNNISKOR ÄR TACKSAMMA

När Herren helar dig och upprättar dig har du all anledning att fira! Du börjar se livet ur ett tros-perspektiv med en positiv livssyn. Positiva människor är tacksamma människor. Gud vill att vi ska vara tacksamma (Kolosserbrevet 3:15, 1 Tessalonikerbrevet 5:18).

Harvard Medical School gav ut en rapport 2021 som uppgav att tacksamhet kan göra dig lyckligare[10]. Med tacksamhet tillkännager och uppskattar man det som är gott i ens liv. Tacksamhet hjälper människan att uppleva mer positiva känslor, njuta av bra erfarenheter, ta itu med problem, bygga starka relationer och förbättra sin hälsa. Psykologerna Dr. Robert A. Emmons från University of California och Dr. Michael E. McCullough från University of Miami har forskat en del kring tacksamhet. I en studie delades deltagarna in i tre grupper där den första gruppen fick skriva ner saker de varit tacksamma för under veckan som gått. Den andra gruppen fick skriva om de saker som irriterat dem under veckan och den tredje gruppen fick skriva om händelser som påverkat dem, men inte uttrycka om de var positiva eller negativa. 10 veckor senare var den första gruppen, som skrivit om tacksamhet, mer optimistiska och mådde allmänt bättre. De tränade mer och gick på färre läkarbesök än de som fokuserade på det som var negativt.[11] Andra studier har påvisat hur **tacksamhet förbättrar relationer.** En studie visade till exempel att individer i parrelationer som tog sig tid att uttrycka tacksamhet för sin partner inte bara kände sig mer positiv mot sin partner, utan kände sig också mer bekväm med att uttrycka problem i relationen. Chefer som tackar sina medarbetare regelbundet medför ofta att deras anställda blir motiverade att arbeta hårdare. Föräldrar som tackar sina barn för insatser i hemmet eller goda gärningar uppfostrar i sin tur tacksamma barn. **Tacksamhet föder mer tacksamhet.** Tacksamhet hjälper människor att fokusera på vad de har istället för vad de inte har.

I 1 Tessalonikerbrevet 5:16-18 kan vi läsa: *"Var alltid glada, be utan uppehåll och tacka Gud i allt. Detta är Guds vilja med er i Kristus Jesus."* I den här versen står det inte att vi ska tacka Gud *för* allt, men *i* allt. Oavsett hur hemska vissa omständigheter i livet kan vara så kommer det alltid finnas det som vi kan vara tacksamma för. Paulus säger att detta är Guds vilja. Tacksamhet förvandlar dig till en bättre person och det finns ingenting som talar starkare om en vandring med Gud än den ständiga tacksamheten.

HUR KULTIVERAR MAN TACKSAMHET?

Bestäm dig för att be och tacka Gud regelbundet. En daglig stund i bön som börjar med tacksägelse till Gud för den Han är och det Han gjort är en bra början. Jesus har gett dig frälsningen - bara det faktumet är en orsak till tacksägelse varje dag för resten av ditt liv. Vilken nåd! Man kan fokusera på Guds karaktär - att Han är kärleksfull, god, trofast, mild, tålmodig, förlåtande och rättvis. Man kan tacka för vardagliga saker, härliga relationer eller sådant som Gud gjort i ens liv. När jag (Marie) jobbade på Sergels torg i Stockholm med hemlösa människor så såg jag en misär jag aldrig sett tidigare. Unga och gamla människor utan hem som under vinterns kalla månader alltid var på jakt efter någonstans att sova - på en parksoffa, under en bro eller i bästa fall i en trappuppgång eller på ett härbärge. Jag blev varse om hur välsignad jag var som hade en egen lägenhet, värme och en säng med täcke och kudde. Det är viktigt att vi inte tar saker och ting för givet. När var sista gången du tackade Gud för din säng, ditt hem, din mat, din bil, din familj eller för den Gud är och för vad Han gjort i ditt liv? När var sista gången du tackade Gud för din partner och även sa det direkt till honom/henne? Om det var länge sen, börja nu och gör det till en vana att tacka Gud för det lilla och det stora.

Skriv ett tack-brev till någon som du uppskattar. Sänd ett tack-brev eller kort en gång i månaden till olika personer som du vill visa uppskattning för. Uppmuntrande ord gör under! Och kom ihåg din egen familj!

För en tacksamhets-journal. Gör det till en vana att skriva ner vad du är tacksam för varje dag. Det handlar om att räkna dina välsignelser.

GULDKORN

- Gud vill att varje troende växer andligt.
- Mer tid med Jesus gör dig mer lik Honom.
- Det finns en oerhörd kraft i gemensam bön.
- Guds Ord är livsförvandlande.
- Prövningar är möjligheter till mognad.
- Tro som prövas blir äkta och kompromisslös tro.

- Emotionell hälsa är avgörande för ert äktenskap.
- Själviskhet leder ofta till kraschade relationer.
- Jesus kom för att frälsa, hela, befria och upprätta dig!
- Tacksamhet förbättrar relationer.
- Tacksamhet föder mer tacksamhet.

MEDITATION

"För där två eller tre är samlade i mitt namn, där är jag mitt ibland dem" (Matteusevangeliet 18:20)

REFLEKTION

Genom att be tillsammans bjuder ett gift par in Gud i sitt hem där Hans nåd och välsignelser kan flöda. Har du och din partner rutin på att be tillsammans? Om inte, hur kan ni skapa det?

| 6 |

NYCKELN TILL INTIMITET

Att möta sin partners behov

I dagens samhälle, kanske särskilt i väst, är vi ibland snabba med att hävda våra rättigheter. Faran är om denna mentalitet smyger sig in i äktenskapet. Du kräver dina rättigheter av din partner och vill att han eller hon ska vara på ett visst sätt, men ditt eget ansvar är inte med i ekvationen. För att äktenskapet inte bara ska fungera, utan också växa och mogna, så är ansvar en viktig komponent. **Att ta ansvar för att vårda sin partner är en viktig ingrediens i ett lyckligt äktenskap.** Edwin Louis Cole, en känd författare, sa att mognad inte kommer med ålder utan med ansvarstagande. Detta kan tillämpas på både enskilda individer och gifta par. Bara för att ett par har varit gifta under lång tid betyder det inte att de har ett moget äktenskap. Det är snarare nivån av ansvar att bygga och vårda varandra genom självutgivande som leder relationen till mognad.

DEN UPPTAGNA VARDAGEN KAN LEDA TILL ETT STAGNERAT ÄKTENSKAP

Upptagenhet är nästan något glorifierat i vårt samhälle. Vi bär vår stress som ett hedersmärke, som om ju mer vi har att göra, desto mer imponerande är vi. Upptagenhet med jobb, barn, ekonomi eller andra åtaganden kan få gifta par att tappa "gnistan", helt enkelt för att de inte prioriterar relationen med varandra. Detta är särskilt vanligt under småbarnstiden då omedelbar uppmärksamhet ofta krävs kring barnen. Då är det lätt att ens partners behov glöms bort. Vakna nätter med spädbarn eller barn med särskilda behov kan vara nog så utmanande så att man knappast hinner med varken sin partner eller sig själv. Detta kan påverka er så mycket att spänningar och konflikter ökar mellan er. Så vad gör ni om ni känner er överväldigade av alla saker som ska göras medan irritationen och "klyftan" mellan er två bara växer? Nedan följer några praktiska tips som kan göra stor skillnad.

PRAKTISKA LÖSNINGAR TILL EN UPPTAGEN VARDAG
1. Ta kvalitetstid med Gud.

Det första som lätt prioriteras bort när vi blir upptagna är vår kvalitetstid med Gud, men att ta sig tid för bön, tillbedjan, tacksägelse och bibelläsning stärker vår relation med Honom. När du tillbringar tid med Gud kommer Han att möta dig. I Jakobs brev 4:8 står det: *"Närma er Gud, så ska Han närma sig er."* Detta är särskilt viktigt när du är upptagen och överbelastad med ett hektiskt schema. Han vill fylla på med sin kärlek och ge dig kraft och vishet så att du vet hur du ska prioritera din vardag.

2. Kommunicera mera.

En annan viktig parameter är kommunikation. Ni behöver båda samtala om hur ni bäst löser de problem och utmaningar som uppstår. Involvera Gud i era problem. I Jakobs brev 1:5 läser vi: *"Om någon av er brister i vishet ska han be till Gud, som ger åt alla villigt och utan att kritisera, och han ska få."* Gud vill att vi kastar våra problem på Honom (1 Petrusbrevet 5:7). I bönen får ni vishet och vägledning. Under perioder i livet kan vardagen vara fullspäckad med arbete, sysslor och aktiviteter. Småbarnstiden är för många en härlig men intensiv tid. Det är under perioder som dessa som det kanske är extra viktigt att lägga tid på att kommunicera med varandra. Genom hela livet tillsammans är kommunikation en huvudnyckel till ett starkt och lyckligt äktenskap.

3. Sätt upp en lista över dagliga sysslor.

Att skriva ner sysslor och i förväg dela upp dem kan hjälpa er så att ni inte behöver diskutera vem som gör vad varje gång. Dagliga sysslor kan innefatta matlagning, disk, läggning, skjuts till förskola och skola etc. Gör gärna sysslor tillsammans och "förena nytta med nöje". Att laga mat tillsammans kan bli ett ypperligt tillfälle för djupa konversationer.

4. Diskutera uppfostran och hitta en gemensam väg.

Försök hitta en gemensam väg för uppfostran om ni har barn, och välj en "mellanväg" om ni är oense. Ni kan behöva göra justeringar vartefter men försök att vara konsekventa. Eftersom varje barn har en unik personlighet så finns det vissa sätt som kan fungera med ett barn men kanske inte med ett annat. Låt den andra föräldern hantera konsekvenserna av hans/hennes beslut i de situationer när ni tycker olika. Om en förälder låter barnet ta sig en tupplur kl. 16.30 på eftermiddagen bör samma förälder vara den som lägger barnet på kvällen. Diskutera inte oenigheter inför barnen. Stöd varandra och diskutera sen när ni kan göra det ostört.

5. Skapa "familjeregler".

Om ni har små barn kan skapande av familjeregler underlätta. Familjeregler kan omfatta saker som att tvätta händerna före och efter varje måltid eller städa upp leksakerna innan man går och lägger sig. Involvera era barn i hushållssysslor från tidig ålder. En tvååring kan till exempel hjälpa till med lättare sysslor som att sätta tillbaka några leksaker med din hjälp, och en sexåring kan duka bordet till middag. Det kommer att ta mycket mer tid när de hjälper till, och det kanske inte blir utfört exakt som du vill, men det kommer att hjälpa på lång sikt eftersom det bidrar till att barnen inte tar saker för givet, och bördan blir lättare för alla när man hjälps åt. I vår familj har vi ofta lagt fokus på att vi är ett team, och detta är en motivering till att hjälpa till i hemmet.

6. Anlita hjälp.

Om ni har hemmavarande barn kan ni överväga att be föräldrar eller släktingar hjälpa er med barnen då och då, eller anlita en barnvakt, så att ni kan få lite egen tid som par. Sök hjälp från andra erfarna föräldrar om ni hamnat i en situation som ni inte kan lösa. Kanske har ni ekonomiska möjligheter att anlita städhjälp, vilket kan ge er mer tid för varandra, eller varför inte köpa hämtmat för att frigöra tid från matlagning och disk ibland. Det kan även handla om att till exempel sätta gränser när det gäller att arbeta övertid eller välja att ha mindre fritidsaktiviteter under en tid. Diskutera hur ni kan förlösa mer tid för att investera i varandra.

7. Ta tid för intimitet.

Trotthet och upptagenhet kan göra båda parter tillfälligt ointresserade av både fysisk tillgivenhet och sex. En del par med små barn tycker att deras sexuella förhållande nästan är lika med noll efter att de fått sitt första barn. Det kan kännas som att det inte *finns* någon tid, men ni behöver *ta* er tid. Intimitet med din partner bör ha hög prioritet, oavsett i vilken säsong du befinner dig i livet.

8. Ha regelbunden "du och jag tid."

Ett tips för att skapa regelbunden tid för varandra kan vara att spendera cirka 15 minuter varje dag för kommunikation. Ni kan förslagsvis prata om dagen som varit, planera veckan som ligger framför eller dela vad som ligger på era hjärtan. Ni kan exempelvis ha en konversation över en kopp te vid köksbordet eller under en kort promenad runt kvarteret.

9. Ge varandra "schemalagt utrymme."

Det är av avgörande betydelse att ge varandra utrymme, så kallad egentid. Det kan vara så enkelt som att ge varandra en "ledig kväll" varje vecka, där man inte behöver laga mat, lägga barnen etc. På den kvällen är man fri att göra vad man gillar, till exempel träna, vila, läsa eller träffa vänner. Ett annat råd är att ge varandra sovmorgon på helgen och sen turas om ifall ni har barn som vaknar tidigt och behöver er omsorg. När ni ger varandra schemalagt utrymme kommer ni sannolikt att känna att motivationen och energinivån stiger, och med det kan den övergripande känslan av tillfredsställelse öka.

VI TAR TID FÖR SAKER SOM ÄR VIKTIGA FÖR OSS

En viktig del av ett lyckligt och framgångsrikt äktenskap är att båda parter tar ansvar för att investera i äktenskapet. Ni kanske har massor att göra under perioder i era liv, men sanningen är den att människor tar tid för saker som är viktiga för dem, så oavsett ert späckade schema så är det av stor vikt att er relation alltid får hög prioritet. I 1 Korinthierbrevet 7:3 står det: *"Mannen ska ge sin hustru vad han är skyldig henne och på samma sätt hustrun sin man."* I detta sammanhang talar Paulus om sexuell intimitet, men själva poängen, att äktenskapet inte är en självisk institution, kan appliceras på äktenskapets alla områden.

HÅLL FAST VID ERT BESLUT

Alla gifta par har "toppar och dalar" i sitt äktenskap. Vi tror dock att när dessa "dalar" kommer så är det avgörande att stå fast vid *beslutet* att älska sin partner. Älska gör man i med- och motgång - inte bara när man känner för det. Det heter ju "tills döden skiljer oss åt". Visst låter det som att du behöver hålla fast vid ditt *beslut* mer än dina *känslor*? Guds Ord säger i 1 Mosebok 2:24: *"Därför ska en man lämna sin far och sin mor och hålla sig till sin hustru, och de ska bli ett kött".* Det står att mannen ska *hålla sig* till sin hustru. De är en exklusiv enhet. Denna förening som utgör äktenskapet grundades på ett beslut och behöver fortsätta göra det. Våra känslor går upp och ner, men beslutet står fast.

GLÄD ER ÖVER ERA OLIKHETER

Män och kvinnor är skapade olika. Gläd er över era olikheter istället för att göra som många par gör - försöka ändra på varandra. Ni kan skapa en atmosfär där teamarbete kan blomstra och båda parter är nöjda med vem de är och vad de gör. **Ett gift par är två unika individer som är tänkta att komplettera varandra.** Min man och jag (Marie) är lika i det mesta, men på vissa områden är vi mycket olika. Jag är till exempel mer spontan när det gäller inköp, medan Andreas är mer eftertänksam. Vi har kommit fram till att det är en strålande kombination, för min spontanitet kan lätt leda till felköp och min mans eftertänksamhet kan leda till missade tillfällen. Vad är det som skiljer dig och din partner? Ta reda på mer om din partner. Vilka är hans/hennes behov, önskningar, rädslor, drömmar, utmaningar och glädjeämnen? Försök inte förändra din partner, men lär dig istället att uppskatta vem han/hon är och de olikheter ni har.

DE FEM KÄRLEKSSPRÅKEN

Kärlek kan uttryckas på olika sätt. Ett av de bästa sätten att förklara dessa uttryck görs av Dr. Gary Chapman[12]. Dr. Chapman, som är en välkänd författare, beskriver hur varje person har behov av att bli älskad, och att kärlek kan kommuniceras (ges och tas emot) på fem olika sätt, vilka beskrivs nedan. Om ett par inte känner till varandras kärleksspråk kan det leda till att deras kommunikation inte fungerar optimalt.

Anders och Britta har varit gifta i snart 30 år. Britta har många gånger önskat att Anders kunde uttrycka sin kärlek lite oftare genom att säga att han älskar och uppskattar henne. Några gånger när hon påpekat detta har Anders uttryckt att han redan sagt att han älskar henne och att han säger till om han ändrar sig. Anders å andra sidan, saknar fysisk beröring i äktenskapet. Han skulle önska att Britta visade kärlek mer med kramar och pussar och att hon tog mer initiativ till sex. Detta har lett till att de båda glidit ifrån varandra, då Anders inte tycker att Britta visar kärlek och Britta inte tycker att Anders visar kärlek.

Problemet här är tydligt, och kanske inte så svårt att lösa. Britta och Anders har olika kärleksspråk. Anders kanske inte är så verbal av sig och förstår inte hur mycket Britta önskar att han skulle vara mer uttrycksfull. Britta å andra sidan, är inte så fysisk av sig och förstår inte hur viktig den fysiska beröringen är för Anders. Anders och Britta behöver prata med varandra och låta den andre veta vad de önskar, uppskattar och behöver. Anders behöver lära sig uttrycka mer verbalt för Britta vad han känner för henne och Britta behöver visa mer fysiskt vad hon känner för Anders.

Enligt Dr. Chapman har varje person alltså ett primärt kärleksspråk, vilket är det sätt som han/hon känner sig älskad på. Ofta har vi mer än ett kärleksspråk. Hur vi uttrycker vår kärlek till vår partner är vanligtvis samma kärleksspråk med vilket vi önskar ta emot kärlek från vår partner. Dr. Chapman menar att par som inte kommunicerar på samma kärleksspråk kan få problem i sin relation. Således bör vi försöka uttrycka kärlek till vår partner på det sätt som han/hon känner sig älskad på. Tumregeln är att ge vad din partner vill ha istället för vad *du* vill ge honom/henne. Hur vet du då vad din partners kärleksspråk är? Det finns två sätt att ta reda på det: antingen observerar du din partner eller så kan du fråga!

Så vad handlar de fem kärleksspråken om? Här följer en kort beskrivning:

1. Bekräftande och kärleksfulla ord

Detta innebär att tala ömma, kärleksfulla ord och ge komplimanger till din partner. Det kan vara ord som till exempel: "jag älskar dig", "du är så vacker", "du betyder allt för mig" eller "ha en underbar dag, älskling." Personer med detta kärleksspråk mår bäst när de får höra andra säga hur uppskattade, värdefulla och fina de är. En komplimang när de ansträngt sig och gjort sig extra fina eller exempelvis har nya kläder är ofta uppskattat. När du uttrycker kärleksfulla och bekräftande ord till din partner förmedlar du kärlek och bygger upp honom/henne. Våra ord bär på en enorm kraft. Uttryck kärlek, uppskattning och beröm ofta. Ge det där lilla extra berömmet och den där kärleksfulla kommentaren som lyfter upp din partner. Håll inte inne med kärleksfulla ord. Låt din partner känna att du är helt för honom/henne. Detta skapar tillit i relationen.

2. Fysisk beröring

Fysisk beröring innebär att man uttrycker kärlek genom kramar, kyssar, hålla händer, sexuell intimitet etc. Beröringen får oss att känna trygghet, bekräftelse och kärlek. Försök förstå hur din partner gillar att bli berörd. Det kan vara genom en puss innan du går till jobbet (vilket faktiskt kan göra underverk). Det kan också vara en beröring över ryggen när du passerar din partner i hemmet. Ibland kan det innebära att du tar din partners hand, vilket gör att par kan känna sig riktigt nära. Jim Coan, psykolog och biträdande professor i neurovetenskap, gjorde en studie och fann att kvinnor under stress visade tecken på omedelbar lättnad genom att bara hålla sin mans hand. Detta verkade vara mycket effektivt när kvinnan var i ett tillfredsställande äktenskap.[13]

3. Kvalitetstid

Är din partners kärleksspråk kvalitetstid så är det viktigt för honom/henne att umgås ostört, genom att till exempel sitta ner och samtala med full uppmärksamhet eller ta promenader tillsammans. Då visar du att din partner är viktig för dig. Att ha kvalitetstid som gift par kan hjälpa er att lära känna varandra på en djupare nivå och skapa större enhet i er relation. Det skapar också en plattform för kommunikation liksom möjligheter att se efter varandras välbefinnande. Ett bra sätt att få mer kvalitetstid tillsammans, utöver de tidigare angivna exemplen, är att utföra hushållssysslor ihop. Att hänga tvätten eller laga mat tillsammans kan bli ypperliga tillfällen för kvalitetstid.

Se till att ingenting stjäl den tid du behöver med din partner. Ni kan överväga att ha olika typer av kvalitetstid. Det kan vara en daglig kvart, då ni till exempel sitter ner över en kopp te efter middagen och pratar. Det kan vara att gå ut och äta en middag någon gång i månaden eller kanske göra en årlig weekendresa - gör det som passar bäst för er. I 1 Korintierbrevet 15:33 står det att *"...dåligt sällskap fördärvar goda vanor".* Nu kanske du tänker: vad har det med kvalitetstid med min man/fru att göra? Jo, vad versen egentligen säger är att vi blir som de vi spenderar tid med - både på gott och ont. När vi spenderar tid med människor som är negativa så blir vi lätt influerade av dem på ett negativt sätt. Likaså om vi spenderar tid med människor som är positiva och fulla av tro så påverkas vi ofta av dem på ett positivt sätt. Om du spenderar kvalitetstid med din man/fru så kommer ni sannolikt bli mer och mer lika varandra i sättet ni tänker och är, vilket kan medföra att ni får en större förståelse för varandra och att risken för konflikter då minskar.

4. Ge gåvor

Att ge gåvor är att visa kärlek genom att köpa saker som den andra personen gillar. Detta är ett synligt tecken på din kärlek och det visar din generositet och vilja att investera i den du älskar. *"Där din skatt är kommer också ditt hjärta att vara"* (Matteusevangeliet 6:21). Denna vers handlar egentligen om att samla skatter i himlen - att investera i det som har evighetsvärde. Kanske kan vi också lära oss något mer från den versen. Om du investerar i din man/hustru (din skatt) så kommer ditt hjärta vara hos honom/henne. Överös din partner med presenter nu och då. Ta reda på vad han/hon gillar. Du kan köpa klassiska saker som blommor och choklad eller något personligt som du vet att din partner skulle uppskatta. Det kan vara en liten småsak eller något mer påkostat. Om din partner har gåvor som sitt primära kärleksspråk så kommer han/hon känna sig uppskattad och älskad när du köper en gåva.

5. Betjänande

En person som har betjänande som sitt primära kärleksspråk känner sig älskad när någon gör specifika aktiviteter för dem, oavsett om de ber om det eller inte. Du ger din partner din energi och tid genom att göra något som gör hans/hennes liv enklare eller roligare. Betjänande innebär att tjäna den andra personen villigt och osjälviskt som ett uttryck för kärlek och utan förväntan om att få något i gengäld. Detta är ett praktiskt sätt att visa kärlek, vilket ofta resulterar i att partnern verkligen känner sig älskad och omhändertagen. **Det handlar om att vara självutgivande och att anstränga sig för sin partner.** Detta är ett "botemedel" för en monoton och trist relation. Det är ett sätt att gå emot den själviskhet som så många gånger inträffar i äktenskap. Betjänande kan handla om allt ifrån att ta ut soporna och vika kläder till att köpa matvaror eller laga middagen. Det kan vara något som inte görs varje dag, till exempel ett fotbad med massage eller en frukost serverad på sängen. Min farfar (Maries), som nu är i himlen, gjorde frukost på sängen åt min farmor och sjöng för henne under alla år av deras över 50 år långa äktenskap. Han hade nog upptäckt en av min farmors kärleksspråk. Om du är en man: var inte rädd för att vara en gentleman. Detta kan kännas förlegat i ett mer jämställt och feministiskt samhälle, men faktum är att gentlemän uppskattas av många kvinnor.

Betjänande är en biblisk princip. Jesus sa till lärjungarna att *"Den som är störst bland er ska vara de andras tjänare"* (Matteusevangeliet 23:11). Jesus, som själv inte kom för att bli betjänad men för att tjäna och ge sitt liv (Matteusevangeliet 20:28), Han uppmanar oss att gå i Hans fotspår och tjäna varandra. Detta kan definitivt appliceras i äktenskapet, inte bara i kyrkan. I Galaterbrevet 6:10 står det: "*Så låt oss därför göra gott mot alla medan vi har tillfälle, och särskilt mot dem som tillhör trons familj.*" **Sök tillfällen att göra gott och tjäna de troende, inklusive din partner.** Herren kommer ge dig kraften, förmågan och glädjen.

MÄNS OCH KVINNORS FRÄMSTA BEHOV

För att kunna möta varandras behov är det viktigt att dels kommunicera vilka behov man själv har och dels vara villig att upptäcka och lyssna till vad ens partner behöver. Dr. Willard F. Harley Jr. har forskat kring mäns och kvinnors främsta behov[14]. Varje individ är ju unik, så behoven kan givetvis skilja sig från person till person, men det studien ändå kan göra är att inspirera och ge ny insikt om vad den genomsnittlige mannen och den genomsnittliga kvinnan anser sig ha för grundläggande behov i sin relation. Det viktigaste behovet listas först och följer sen en turordning. Studien visar att de **främsta känslomässiga behoven hos KVINNOR är:**

1. Ömhet

Enligt Dr. Harley är kvinnans allra viktigaste behov ömhet. Med ömhet skickas ett meddelande till partnern att "jag älskar dig", "jag kommer att ta hand om dig" och "du är viktig för mig". Ömhet uttrycker kärlek, omsorg, trygghet, skydd, intimitet och godkännande. Utan ömhet i äktenskapet skulle många kvinnor känna sig distanserade från sin man. Enligt *Psychology Today* och professor Kory Floyed så kan brist på ömhet orsaka så mycket mer än bara en känsla av att vara distanserad. Bland annat menar han att brist på ömhet orsakar mer humör- och ångeststörningar samt fler sekundära immunförsvars-störningar (som förvärvas snarare en ärvs genetiskt). Kanske är det just därför som bibeln säger att män bör ge sin hustru den ömhet hon har behov av. En engelsk översättning uttrycker det så här: *"Let the husband render the affection due to her"* (1 Korintherbrevet 7:3).

Ömhet kan uttryckas med ord, kramar, kyssar, hålla i varandras händer, ge presenter etc., och det har ingenting att göra med sex. Dr. Harley säger att den "typiska hanen" ser ömhet som förspel till sex, medan kvinnor inte gör det. Därför bör män försöka visa ömhet regelbundet utan att ha för avsikt att det ska sluta med sex. Harley menar ändå att när det kommer till sex och ömhet kan du inte ha den ena utan den andra. Till dig som är man: slösa mycket ömhet på din fru. Hon kommer sannolikt att älska det!

2. Konversationer

Den genomsnittliga kvinnan har ett stort behov av konversationer. Många kvinnor älskar att prata och dela med sig av vad de tänker på. Kvinnor överlag uppskattar tankeutbyten och samtal med andra, och uppskattar öppenhet och ärlighet i äktenskapet. Någon sa skämtsamt att *"Under det första året i äktenskapet talar mannen och kvinnan lyssnar. Under det andra året talar kvinnan och mannen lyssnar. Under det tredje året talar de båda och grannarna lyssnar."* Förhoppningsvis är detta inte sant i ert äktenskap. Poängen här är att det finns risk för att gifta par med åren kommunicerar mindre och mindre med varandra. En del människor behöver göra medvetna val att kommunicera regelbundet med varandra. Skapa gärna stunder av avslappnade samtal runt middagsbordet. Kommunicera med varandra när ni gör era hushållssysslor och när ni inte är tillsammans under dagen. Vi ringer eller textar fortfarande varandra flera gånger varje dag sen dejtingtiden. Vi älskar att ha konversationer med varandra. Om du och din partner inte gör det idag är det inte för sent att börja. Prova att ringa ett kort samtal på väg till jobbet eller skicka ett textmeddelande på fikarasten för att bara uttrycka kärlek till din partner. Ett välment textmeddelande kan göra underverk!

Dr. Harley säger vidare att det mest tillfredsställande samtalet är ett samtal som har fokus på att lära känna varandra, visa intresse för varandra och diskutera ämnen av intresse för båda. Skapa möjligheter, trots upptagenhet, att investera i din partner genom förtroliga samtal. **Att visa en kvinna genuint intresse genom konversationer och att med odelad uppmärksamhet lyssna på henne får henne att känna sig älskad.** Hon kommer sannolikt uppskatta varje samtal av god kvalitet med dig. Dr. Harley konstaterar att den genomsnittliga kvinnan behöver 15 timmars kvalitetssamtal per vecka. Se till att vara en uppmärksam lyssnare, men också en redo talare om du är man. Det är lika viktigt att lyssna med fokus som det är att vara villig att öppna upp sig och vara personlig.

3. Ärlighet och öppenhet

Enligt Dr. Harley är en känsla av trygghet "den gyllene tråden som vävs genom alla kvinnors fem grundläggande behov". För att känna sig trygg behöver en fru kunna lita på sin man - att han ger henne korrekt information om sitt förflutna, nuet och framtiden. Försök att vara så öppen, ärlig och transparent som möjligt om du är man, då det sannolikt kommer medföra att din fru känner större förtroende för dig och medför en känsla av trygghet i ert äktenskap.

4. Ekonomiskt stöd

Dr. Harley menar att de flesta kvinnor förväntar sig att mannen inte bara ska arbeta, men också tjäna tillräckligt för att stödja familjen och ta huvudansvaret för hushållets ekonomi. Vidare menar han att kvinnor vill kunna välja om de önskar vara hemma med barnen eller arbeta och fokusera på en karriär och att det är först då de upplever detta behov uppfyllt. Ekonomi är en vanlig orsak till gräl och meningsskiljaktigheter som ofta orsakar stress bland par. Det är därför viktigt att regelbundet kommunicera med varandra kring finanser.

5. Engagemang för familjen

Det femte behovet kvinnor har enligt Dr. Harleys studie är ett engagemang för familjen. Att bygga en lycklig och stark familj är en naturlig instinkt för många kvinnor som ofta föredrar att mannen tar på sig rollen som en ansvarig ledare och en engagerad pappa. Därför har kvinnor ofta en förväntan på att mannen ska spendera tid med barnen och familjen. Det kan också innebära att avsätta kvalitetstid för sammankomster eller utflykter med familjen. Många kvinnor uppskattar när mannen visar intresse för hennes släkt, till exempel genom att hålla kontakten med hennes föräldrar eller ta ledigt för att träffa släktingar. Som man är du ytterst ansvarig för din familj och dess välbefinnande. Ett helhjärtat engagemang för familjen kommer betyda mycket för din fru.

Låt oss nu ta en titt på vad Dr. Willard F. Harley Jr. anger som **de främsta behoven hos MÄN:**

1. Sexuell tillfredsställelse

Detta är det starkaste behovet för den genomsnittlige mannen enligt Dr. Harleys studie. Som fru möter du detta behov hos din man genom att vara en fantastisk sexpartner. Kommunicera med varandra hur ni kan göra er sexuella relation optimalt tillfredsställande och njutbar. Det kan vara svårt för en del kvinnor att förstå att detta behovet ses som det främsta hos männen, på samma sätt som det kan vara svårt för män att förstå kvinnors främsta behov av ömhet. Precis som mannen bör försöka ge sin fru mycket tillgivenhet och ömhet, så bör frun försöka tillgodose mannens sexuella behov. Var tillgänglig för sexuell intimitet, men ta också initiativ till det.

2. Sällskap

Att ha sällskap, det vill säga att ha kvalitetstid tillsammans, är det näst viktigaste för en man. Hitta på roliga saker med din man och skapa gemensamma minnen. Precis som ni med stor sannolikhet hade kul under era dejting-dagar med aktiviteter och uppvaktning så är det viktigt att spendera kvalitetstid tillsammans även efter att ni gift er. Detta är särskilt viktigt för män. Dr. Harley menar att det är viktigt för äktenskapet att man och fru gör roliga saker tillsammans. Han säger att män lägger överraskande stor vikt vid att ha sina fruar som sällskap på fritiden, så avsätt gärna tid regelbundet för att göra roliga saker. Följ med din partner på en golfrunda eller sitt med honom och titta på hans favoritsport eller film. Det blir ett utmärkt tillfälle att möta hans behov av sällskap och samtidigt berika er relation.

3. En attraktiv fru

Dr. Harleys forskning drog också slutsatsen att en man mår bra när han ser på sin attraktiva fru. Många män uppskattar inte bara en kvinnas inre egenskaper, men är även stolta över en vacker och snygg partner. Som fru, ansträng dig gärna lite extra för att se så bra ut som möjligt för din man. De flesta kvinnor vill ta väl hand om sin kropp och sitt utseende för sin egen skull, och när du gör det möter du också ett behov hos din man.

4. Support i hemmet

Enligt studien har många män behov av lugn och ro i hemmet. Självklart är detta en utmaning under vissa perioder i livet, till exempel när ni har små barn, men som fru kan du vara del av att skapa ett hem som det är härligt att komma hem till efter en lång och stressig dag på jobbet. Det kan till exempel vara genom att göra huset fint och hemtrevligt, minimera tjat och gnäll och inte ställa orimliga krav. I Ordspråksboken 25:24 står det: *"Bättre bo i en vrå på taket än att dela huset med en grälsjuk kvinna"*. Tillsammans med din man kan du skapa en positiv atmosfär i hemmet, se till att de dagliga aktiviteterna går smidigt och erbjuda ditt stöd till din man. Han kommer sannolikt uppskatta all din support.

5. Beundran/respekt

Beundran är viktigt för en man enligt Dr. Harley. En man vill att hans fru skall vara stolt över honom. Beundran ger din man motivation. Han behöver beundran för "nuet", det vill säga för vem han är idag och inte bara för vad han potentiellt kan bli i framtiden. Män blir ofta defensiva när de kritiseras, men om de uppmuntras kan det leda till mer självsäkerhet och med det bättre prestation. Någon sa en gång att om man inte respekterar sin mans val om och om igen är det som att sticka honom om och om igen med små nålar. Om han känner sig respektlös kan han distansera sig. Men det motsatta är också sant; om du bemöter din man med respekt så vill han sannolikt komma närmre dig. Om det går fel ibland när din man fattar beslut, så kom ihåg att vi alla gör fel ibland. Var försiktig med att avvisa hans idéer när du inte håller med honom. Tänk på att vara förtroendeingivande istället för kontrollerande, tacksam istället för klagande och respektfull istället för förödmjukande. Kom ihåg att det du säger till och om din partner och hur du ser på honom kan få honom att känna sig som en superhjälte eller som ett totalt misslyckande.

"Respektera en man, och han kommer att göra mer" - James Howell

SJÄLVUTGIVANDE KÄRLEK

Självutgivande kärlek är osjälvisk. Det betyder att du sätter behoven och önskningarna hos den person du älskar före dina egna. Att lära sig att sätta andras behov framför sina egna är sällan lätt. 1 Korintierbrevet 13:4-8a står det om självutgivande kärlek: *"Kärleken är tålig och mild, kärleken avundas inte, den skryter inte, den är inte uppblåst, den uppför sig inte illa, den söker inte sitt, den brusar inte upp, den tillräknar inte det onda. Den gläder sig inte över orättfärdigheten men har sin glädje i sanningen. Den fördrar allting, den tror allting, den hoppas allting, den uthärdar allting. Kärleken upphör aldrig."* I denna vackra beskrivning av kärlekens natur och verkningar ser vi att kärleken helt står i motsats till själviskhet; den önskar eller söker inte sitt eget beröm eller nöje. Det betyder inte att människor som osjälviskt älskar ska försumma sig själva och alla sina intressen. Men kärlek söker aldrig sitt eget. Den föredrar alltid andras välbefinnande och lycka. Hur älskvärt är inte kristen kärlek! Denna gudomliga kärlek bor i våra hjärtan genom Jesus Kristus. Och genom Honom är det möjligt att överösa vår partner med självutgivande kärlek, för Han fyller på igen och igen om vi låter Honom göra det.

FÖRÄNDRING STARTAR MED DIG

Kanske du tycker att dina behov inte blir mötta av din partner. Men vänta inte på att din partner ska förändras. Försök inte heller ändra på honom/henne; men ta ansvar genom att börja med dig själv genom att låta Gud förvandla dig. **Var villig att förändras till förmån för din partner, men låt din** partner vara ansvarig för sin egen förändring. Du är bara ansvarig för din egen förändring, vars mål som troende alltid är Kristuslikhet.

"Varför ser du flisan i din broders öga men märker inte bjälken i ditt eget öga? Hycklare, ta först bort bjälken ur ditt eget öga, så ser du klart nog för att ta ut flisan ur din broders öga" (Matteusevangeliet 7:3, 5).

Vi minns ett själavårdssamtal vi hade med en man i femtioårsåldern. Han hade bett om att få prata med oss om sina relationsproblem. Under det första samtalet, när han fick frågan om vad han uppfattade var problemet, tog han upp ett papper ur fickan och sa: "Jag ska berätta vad problemet är." Han började läsa från en lista där han radade upp sin frus alla svagheter, hur hon var och vad hon gjorde och inte gjorde. När han var klar med sina många punkter sa vi till honom: "OK. Nu när vi har fått veta lite mer om din fru, berätta gärna om dig själv? Vad är dina svagheter?" Mannen blev lite smått chockad över den frågan och kunde inte komma på något, för enligt honom var allt hennes fel och det var hennes svagheter som orsakade problemen i deras relation. Efter att ha försökt hjälpa honom att se att båda parter spelar en roll för framgången i ett äktenskap ville han fortfarande inte acceptera det, så vi visste av erfarenhet att vi inte skulle kunna hjälpa honom längre.

Poängen här är att alltid förändra oss själva först och med det följer ofta förändring i vår partners liv. Men ändra dig inte bara så att din partner ska förändras; ändra dig själv för att det är ett mål i sig. **Placera dig själv under förstoringsglaset innan du hittar fel hos andra.** Det optimala är naturligtvis att ni båda arbetar som ett team där ni regelbundet erkänner och respekterar varandras olikheter och önskemål och gör vad ni kan för att tillgodose varandras behov med glädje och utan att klaga eller jämföra. När ni båda söker Gud tillsammans kommer ni sannolikt att förändras till det bättre och bli mer och mer lika Jesus.

HUR SKYDDAR VI VÅRT ÄKTENSKAP?

Allt värdefullt förtjänar att skyddas och det inkluderar även er kärleksrelation. När behoven inte tillgodoses i äktenskapet under en längre tid är det inte ovanligt att otrohet blir ett faktum. När en kvinna söker en partner utanför äktenskapet är det ofta någon som visar henne uppmärksamhet och ömhet, medan det för mannen ofta handlar om att möta behovet av sexuell tillfredsställelse. I båda fallen överensstämmer detta med de främsta behoven som Dr. Harleys studie visade. Så vad kan man göra för att skydda sitt äktenskap?

1. Ta reda på vad din partners behov är och möt dem.

Detta är ett effektivt sätt att skydda äktenskapet. Om de grundläggande behoven blir mötta inom äktenskapet så är oddsen goda att ert äktenskap inte bara kommer hålla tills döden skiljer er åt, men också att ni lever lyckliga tillsammans. Ytterst sett så är det bara Jesus som kan fylla en människas allra djupaste behov av kärlek, trygghet, tillfredsställelse etc. Men som gifta kan ni båda vara en källa av tillfredsställelse till varandra på flera plan, så "go all out" och möt behov. Det är bibliskt! Galaterbrevet 5:14 talar om att tjäna varandra i kärlek!

2. Ha ett regelbundet sexliv.

1 Korintierbrevet 7:1-6 talar Paulus om att mannen ska ge det han är skyldig kvinnan och kvinnan det hon är skyldig mannen. Dessutom bör gifta par inte vara från varandra annat än om de behöver ägna sig åt bön. Paulus skriver att dessa direktiv är för att undvika sexuella synder. Det finns även de som menar att sex är en form av andlig krigföring. Det formar en enhet och samhörighet som leder till en minskad risk för frestelser på detta område.

3. Säg nej till det som är destruktivt.

Det finns mängder av destruktiva beteenden, men här vill vi framhålla tre saker som vi anser är mycket destruktivt för äktenskapet, och det är hemligheter, pornografi och exklusiva nära relationer med motsatt kön. De kan väcka starka frestelser för den ena parten och misstänksamhet och osäkerhet för den andra, och kan så småningom leda till otrohet; något som många kommer att ångra senare. Återigen handlar det om att ta ansvar för att relationen inte bara existerar, men att den växer, blir lyckligare och varar livet ut!

4. Be och läs bibeln tillsammans.

Bibeln talar om att vi befinner oss i ett andligt krig. Fienden kommer för att stjäla, slakta och förgöra (Johannesevangeliet 10:10), och han attackerar ständigt äktenskapet, för han vet att om familjer går sönder så går även individer sönder, vilket ofta påverkar nästa generation. Bibeln presenterar den osedda andliga världen lika verklig som den naturliga världen som vi ser med våra sinnen (2 Korintierbrevet 4:18). Djävulen gör allt för att förstöra mellan dig och din partner. Vi behöver därför vara medvetna om det and-liga krig som pågår. **Bön och bibelläsning är en viktig ingrediens för att skydda äktenskapet.** Någon sa en gång att "a couple that prays together stays together" (ett par som ber håller ihop). Andlig gemenskap är av oerhörd vikt i äktenskapet.

5. Fortsätt lära er.

Kunskap är viktigt för äktenskapet. Vad behöver du och din partner veta mer om? Kanske hur man kommunicerar mer effektivt, hur man löser konflikter mer effektivt eller hur man kan vara mer romantisk? Den här boken är ju såklart en bra början, men stanna inte här. Läs mer om relationer eller anmäl er till en äktenskapskurs eller retreat. Lär er av varandra! Umgås med de som har mer erfarenhet än ni. Det är jätteintressant att fråga äldre människor som varit gifta i 50 år eller mer hur de löste konflikter eller vad som fick dem att stanna i äktenskapet med lyckan i behåll. Jag (Marie) har frågat en hel del par med vitt hår och många rynkor vad hemligheten till deras långa äktenskap är. Svaren har varierat, men ett svar jag minns var en 95-årig man som sa att "vi hade ingen TV, så vi har alltid pratat mycket med varandra". God kommunikation är verkligen en nyckel till framgång i relationer.

SAMMANFATTNINGSVIS

Män och kvinnor har ofta olika behov. För att ett äktenskap ska blomstra bör båda parter sikta på att möta varandras behov. De flesta människor drar sig inte för att hjälpa människor i nöd och möta grundläggande behov, men så ofta glöms vår partners behov bort. När du tar ansvar för att göra din partners liv lite bättre varje dag så kommer du sannolikt se att ert äktenskap kommer till en annan nivå. Ett par behöver förstå att det är meningen att de ska komplettera varandra; inte tävla mot varandra. Var och en är ansvarig för att ge av sig själv för att gynna den andra. Det är precis så ett starkt och lyckligt äktenskap byggs. **När du börjar ta ansvar med handlingar börjar saker förändras.** Att investera i din partner genom att ta reda på hans/hennes behov och sedan villigt och kreativt möta dessa behov kommer sannolikt leda till ett positivt gensvar från din partner och ett rejält lyft för ert äktenskap.

GULDKORN

- Att ta ansvar för att vårda din partner är en viktig ingrediens i ett lyckligt äktenskap.
- Lita mer på *beslutet* om evig kärlek än *känslan*. Känslor går upp och ner men beslut står fast.

- Ge din partner det han/hon behöver; inte vad du vill ge honom/henne.
- Där din skatt är, där kommer också ditt hjärta att vara. Ditt hjärta kommer att följa det du investerar i, så investera klokt i ditt äktenskap.
- Tydliga mål för ditt äktenskap kommer att minimera negativa spänningar i er relation.
- Ta först bort bjälken ur ditt eget öga, så ser du klart nog för att ta ut flisan ur din partners öga.
- Kärlek söker aldrig sitt eget.
- Som ett par tävlar ni inte med varandra; ni kompletterar varandra.
- Förändring skapas när vi tar ansvar för våra handlingar.

MEDITATION

"Hela lagen uppfylls i ett enda budord: du ska älska din nästa som dig själv (Galaterbrevet 5:14).

REFLEKTION

Vad är din partners primära och sekundära kärleksspråk? Skriv ner två praktiska sätt att kommunicera din partners primära och sekundära kärleksspråk och omsätt dem sedan i praktiken kommande vecka. Fundera också över vilka behov din partner har som du kanske inte har mött och prata med varandra om det. Börja sedan applicera det under den kommande veckan och fundera över resultatet. Blir din man/fru mer tillfreds? Upplever du att han/hon känns mer glad och nöjd med er relation?

Vad ser du för skillnad i er relation efter att ha applicerat kärleksspråken och börjat möta din partners behov? Skriv ner och diskutera med varandra.

| 7 |

ROMANTIK OCH SEX

Håll gnistan vid liv

En viktig ingrediens i ett stabilt och lyckligt äktenskap är romantik. Romantik består av små romantiska inslag i vardagen, men även av mer planerade romantiska aktiviteter. Genom kärleksfulla gester frambringas starka känslor av förälskelse. Ett grundläggande behov i människan är att hon känner sig sedd och älskad. Ytterst sett möts detta behovet av Gud. Han ser oss och fyller oss igen och igen med sin oändliga kärlek. Men romantik i äktenskapet kan möta behovet att känna sig sedd och älskad på det mänskliga planet och skapar intimitet och närhet.

REGELBUNDEN DEJTING

När ni träffades i början av er relation så spenderade ni troligtvis en viss tidsperiod med att dejta varandra innan ni sen gifte er. Många par slutar dock med dejting efter att de gift sig.

Regelbunden dejting är en viktig ingrediens i ett lyckligt äktenskap. Fortsätt dejta varandra under hela ert liv tillsammans. Ni kan till exempel ha en "date night" en kväll i veckan eller mer sällan om ni inte får till det. Dejten kan bestå av exempelvis en långpromenad, en treråtters middag på en restaurang eller en pratstund över en kvällsfika efter att barnen lagt sig. Det kan vara utmanande att ta den tiden, särskilt om ni har små barn, men det är bra för er relation och kanske extra viktigt just under den intensiva småbarnstiden. Att hitta en bra barnvakt kommer sannolikt att vara värt pengarna och ansträngningen. Om ni vårdar er relation genom att ta tid för dejting, så kan ert äktenskap blomstra även under intensiva perioder i livet.

VISA SMÅ KÄRLEKSHANDLINGAR VARJE DAG

Förutom att dejta varandra regelbundet, kan ni utföra små kärlekshandlingar dagligen för att stärka och vårda er relation. Dessa små kärlekshandlingar kan vara saker som att kyssa din partner adjö innan du lämnar huset på morgonen och göra samma sak när ni ses igen på kvällen. Skicka några textmeddelanden under dagen och skriv att du älskar din partner, att du tänker på honom/henne etc. Dina små kärlekshandlingar som du utför regelbundet kommer att göra stor skillnad i längden. Lev varje dag som om det vore din sista dag att visa kärlek till din partner.

NÅGRA ROMANTISKA TIPS

Romantik kräver viss planering, tid och ansträngning, men att ge plats för det i ert äktenskap är ett klokt drag. **Romantik handlar om att gå den extra milen för din partner.** Kanske du inte tycker att du är så romantiskt lagd. Oroa dig inte - alla kan lära sig att vara romantiska. Som många andra saker i livet är det ett val du kan göra. Det är värt ansträngningen, eftersom romantik kan vara ganska kul och kommer att ge mersmak!

Här följer några romantiska tips på vad du kan göra för din partner:

1. Köp en bukett rosor.
2. Gör kaffe på sängen en vanlig vardag.
3. Skriv ett kärleksbrev.
4. Flirta oväntat med din partner när ni är bland folk.
5. Möt upp i parken för en picknick.
6. Boka en spa-helg tillsammans.
7. Skicka blommor till din partners arbetsplats.
8. Fråga ut din partner på en oväntad dejt mitt i veckan.
9. Ge din partner ett fotbad med fotmassage.
10. Boka en hotellnatt.
11. Dansa i vardagsrummet.
12. Laga en trerätters middag mitt i veckan.
13. Se solnedgången tillsammans.
14. Ta med din partner till en frukostbuffé på ett hotell.
15. Ge din partner en avslappnande nackmassage.
16. Håll ett kärlekstal till din partner.
17. Turista tillsammans i er egen stad.
18. Förbered en ostbricka för två med kex, te och stearinljus.

19. Skriv ett kärleksfullt inlägg på sociala medier.
20. Boka en romantisk överraskningshelg för två.

Dessa är bara exempel och idéer som förhoppningsvis kan väcka er egen kreativitet. Låt fantasin flöda! Alla relationer har toppar och dalar, men genom att lägga till romantik till ert äktenskap kan dalarna bli toppar igen. **Romantik handlar om att uppvakta varandra om och om igen genom hela livet.**

FYLL VARANDRAS "KÄRLEKSTANK"

Kanske känner du och din partner att ni glidit ifrån varandra. Närheten är inte längre där och ensamhet har krupit sig in i er relation. Många par upplever att de med tiden "vuxit isär"; deras relation går inte längre framåt. Faktum är att **varje människa har ett behov av att bli älskad.** Det är till och med skadligt för din fysiska och mentala hälsa om detta behov inte är uppfyllt. Det sägs att kärlek kan förlänga livet, bringar lycka och gör återhämtning från sjukdom snabbare.

Tänk dig att din partner har en "kärlekstank", ungefär som en bil har en bensintank. Tanken behöver ständigt fyllas på. Om du kör din bil länge utan att fylla på bensin så tänds en varningslampa. På samma sätt kan det finnas varningslampor som signalerar om att din partners kärlekstank håller på att ta slut. Kanske det finns frustration eller irritation som du inte sett tidigare. Har du kanske glömt att fylla på din partners kärlekstank? Precis som du regelbundet fyller din bil behöver ni fylla varandras kärlekstankar genom att ständigt uttrycka kärlek till varandra i ord och handling. I 1 Korinterbrevet 7:3 skriver Paulus: *"Mannen ska ge sin hustru vad han är skyldig henne, och på samma sätt hustrun sin man".* I en engelsk översättning står det "render *the affection* due to her/him." Att ta sig tid att fylla varandras kärlekstankar är bibliskt. Då visar du din partner att han/hon är viktigare än någon annan man/kvinna i ditt liv.

ÄR GNISTAN BORTA?

Om ni har tappat bort den första gnistan i ert äktenskap så behöver ni gå tillbaka till det ni gjorde i början. Efter att ha lovordat församlingen i Efesos för deras uthållighet så tillrättavisas de troende angående deras första kärlek. I Uppenbarelseboken 2:4-5 står det: *"Men jag har en sak emot dig: att du har övergett din första kärlek. Kom därför ihåg varifrån du har fallit, och vänd om och gör dina första gärningar."* Den efesiska kyrkan lydde regler och var uthålliga under svårigheter, men deras kärlek till Jesus hade kallnat. Sanningen är att allt vi gör bör grundas i en djup kärlek till Jesus. På samma sätt kan man fråga sig hur ett äktenskap skulle se ut där kärleken inte längre existerar? Det skulle förmodligen vara ett känslokallt äktenskap i tristess. Om du och din partner hamnat där, tänk då på vad ni gjorde när ni först dejtade varandra och gör det igen. Det kan vara att ta din partner ut på en middag med levande ljus. Det kan vara att kramas och kyssa varandra varje gång ni träffas eller säger adjö. Det kan vara att kalla din partner vid namn såsom "älskling", eller bara säga "jag älskar dig" varje dag. Till en början kanske du inte känner för det, men kom ihåg att om du vill få tillbaka den första känslan måste du investera och göra det du först gjorde i början av er relation. **Kärleksfulla handlingar leder till kärleksfulla känslor.** De kommer definitivt att hjälpa till att föra romantik in i ert äktenskap. Även om det kan kännas "mekaniskt" eller tillgjort till en början så kan det med tiden förändra känslorna och tända gnistan på nytt. Det är lätt att försumma romantik med tiden, och därför är det viktigt att man tar ett aktivt beslut att vara romantisk.

TA HAND OM DIN PARTNERS HJÄRTA

Ni behöver ta hand om varandras hjärtan innan någon annan gör det. Om ni inte gör det är risken stor att äktenskapet går utför. Försök alltid att vinna din partners kärlek, på samma sätt som du gjorde när du dejtade honom/henne, och låt kärleken växa djupare. Behandla hans/hennes hjärta med ömhet. Då har ni alla chanser att ha ett kärleksfullt äktenskap som kommer att växa och vara livet ut. Bibeln pratar om i 1 Korinterbrevet 14:1 att jaga kärleken. Vi tror att det är någonting vi behöver göra i en relation också. Om du upplever att kärleken svalnar, "go after it", jaga den, sök den och du kommer att finna den. Du har massor med tips och hjälpmedel i denna bok så det är bara att applicera en eller flera principer och se vad resultatet blir.

NJUT AV ER LIVSRESA TILLSAMMANS

Livet är kort på den här jorden. Någon sa en gång: "En arkeolog är den bästa mannen en kvinna kan ha; ju äldre hon blir, desto mer intresserad blir han av henne." Det är tänkt att vara ett skämt, men det finns en viktig poäng här. Din kärlek och ditt intresse kan och bör öka allteftersom åren och decennierna går. Vitt hår, en rund mage eller lite rynkor spelar ingen större roll; när ni två har rest så långt tillsammans på livets väg så har ni förhoppningsvis byggt en sådan intimitet att det går långt utöver det som är synligt. Ni har en vänskap och djup kärlek som håller er samman som en "enhet". Är det inte rörande när man ser ett riktigt gammalt par som fortfarande kärleksfullt håller varandra i handen offentligt? Så **besluta er för att njuta av er livsresa tillsammans - ni har bara en!**

HA ROLIGT TILLSAMMANS

Skapa tillfällen att ha roligt tillsammans, även när ni blir äldre. Jag (Marie) minns mina gamla farföräldrar sittandes i trädgården hos mina föräldrar en sommareftermiddag och hur min farfar plötsligt sa till de som samlats runt bordet: "Förra veckan köpte Maj (min farmor) en ny baddräkt. Det var små fiskar på den. Men när Maj satte på sig den blev det stora hajar!" Min farmor skrattade och alla andra skrattade. De kände varandra så väl så de visste också hur de kunde skämta med varandra utan att kränka varandra. Det är det fina med att hålla fast vid samma person hela livet. Skratt kan vara läkande, så om du inte har skrattat på sistone som ett par, titta på en komedi eller gör något riktigt roligt som kan få er att skratta tillsammans. Det kan göra underverk.

SEXUELL INTIMITET - EN GUDS GÅVA

Sex i vår tid har blivit något som många ser som ett "rättmätigt behov" som kan tillfredsställas med olika personer. Sex är för många separerat från kärlek, men som i bästa fall kan leda till kärlek. Men bibeln beskriver det som en helig akt mellan man och fru, som Gud tänkt det. I Första Mosebok 2:24 läser vi: *"Därför ska en man lämna sin far och sin mor och hålla sig till sin hustru, och de ska bli ett kött".* "Ett kött" refererar till den sexuella intimiteten mellan de gifta makarna. Sexuell intimitet är en Guds gåva till mannen och kvinnan i äktenskapet, och versen visar att äktenskapet är den plats Gud tänkt för den djupaste förening som existerar mellan två människor. Det verkar som att de flesta människor, inklusive många kristna, ser detta som en förlegad tanke som i bästa fall fungerade på bibelns tid, men inte är något man kan efterleva på 2000-talet. Man framhåller att man inte kan leva på det sättet i vår västerländska kultur, men sanningen är den att **Guds rikes kultur ändras inte**. De ramar Gud instiftat för äktenskapet är tänkta för då och för nu. Hebreerbrevet 13:4 *"Äktenskapet skall hållas i ära hos alla och den äkta sängen bevaras obefläckad..."*

ETT UTTRYCK FÖR KÄRLEK

Sexuell gemenskap är en stark förening mellan två makar. De blir ett, både kroppsligt och själsligt, och där kan nytt liv skapas genom barnafödandet. Den sexuella gemenskapen är ett uttryck för den djupa kärlek som finns mellan en man och en kvinna i ett äktenskap, och är den mest intima form av gemenskap som finns. Sex handlar om en livslång överlåtelse till en och samma partner.

GÖR SEX TILL ETT REGELBUNDET NÖJE

Vi människor är skapade med sexuella behov. Att möta varandras behov är en viktig del av det förbund som ni ingått med varandra genom äktenskapet. Ha en dialog med varandra om hur ofta ni önskar ha sex och ta båda initiativ till det. Det kan finnas tider i livet då det är nästintill omöjligt att ha sex. Det kan till exempel handla om att en partner drabbas av sjukdom som försvårar den sexuella akten. Det kan också finnas stora utmaningar när ett gift par har små barn. Det viktiga här är att prata om det så långt det är möjligt, och ha som mål att vårda er relation även på det fysiska planet.

SEXUELLA PROBLEM

Det är uppenbart att gifta par möter på problem i sin sexuella relation. Trots detta kan man ibland känna sig obekväm att prata om det med sin partner - än mindre med någon utomstående. Det finns dock många fördelar med att prata om sex med sin partner. Det är lätt att anta att bara för att du "känner" din partner så borde han/hon automatiskt veta vad du gillar i sovrummet, men i verkligheten är det inte alltid så. Det är viktigt att våga prata om vad ni tycker om när det kommer till sex för ingen kan läsa någon annans tankar. Här kan det också vara av vikt att prata om andra aspekter av sexlivet än den rent fysiska, som till exempel ömhet och god kommunikation, vilka också är viktiga aspekter av sex.

Vad är då vanliga problem som gifta par möter? En del människor kämpar med fysiska problem som till exempel smärta vid samlag eller brist på erektion, vilket gör det svårt att genomföra ett samlag. En del brister i att kommunicera behov eller sexuella preferenser med varandra. Andra kämpar med barnlöshet och den stress och sorg det kan medföra, och ytterligare andra har en osund sexuell relation med själviska sexuella inslag eller tvångshandlingar. En del par har total avsaknad av sex i äktenskapet. Oavsett vilka problem man har så finns det ett steg paret bör ta för att komma närmre en lösning, och det är kommunikation. Någon sa att kommunikation är nyckeln till livet. Ja, det stämmer nog. Utan kommunikation eller med bristfällig kommunikation blir livet inte bara frustrerande utan det skapar också problem i relationer. Vad kan man då göra? Det finns några grundläggande saker:

Prata öppet med varandra om förväntningar och hur ni önskar bli tillfredsställda.

Det kanske kan kännas onaturligt eller pinsamt för en del, men faktum är att om ni berättar för varandra hur ni vill bli berörda och vad som får er att tända så kan ert sexliv komma till en helt annan nivå. Gud avsåg inte bara sex till att vara en "parningsakt", men att man och fru skulle njuta av den sexuella intimiteten. Om du inte berättar för din partner om dina behov och önskemål gällande sex så kommer han/hon kanske aldrig förstå hur du fungerar. Fråga också din partner om samma sak. Livet är för kort för att försöka gissa sig till vad din partner önskar.

Ta upp problem i den sexuella relationen.

Kanske ni båda vet exakt vad problemet är, till exempel att ni har svårt att få barn eller att samlag gör ont. Men det kan också vara så att du inte vet att din partner har problem. Kanske din partner är våldsam eller tvingande och inte lyssnar på dina invändningar. Om det förekommer sexuellt våld eller tvång behöver du snabbt söka hjälp. Då kan en tids separation vara värdefullt, där ni kommer ifrån varandra för en tid så att den våldsamma partnern kan få professionell hjälp. Oavsett vad det gäller så är kommunikation A och O, men även det som tas upp under nästa punkt:

Våga söka professionell hjälp om ni "kört fast".

Par kan behöva söka hjälp om de kört fast och inte vet hur de ska lösa problemet eller problemen de har. Det kan handla om att kontakta en fertilitetsklinik för att utreda och optimera chanserna till graviditet. Det kan röra sig om hjälp att bli fri från pornografiskt beroende som påverkar relationen. Det kan handla om helt andra saker, men oavsett vad det gäller behöver ni inte vara oroliga att be om hjälp om ni behöver det. Vad har ni att förlora? Chanserna att ni vinner något på det är sannolikt större.

GULDKORN

- Regelbunden dejting är en viktig ingrediens i ett starkt och lyckligt äktenskap.
- Bygg upp er relation genom att dagligen utföra små kärlekshandlingar.
- Om ni har tappat gnistan i er relation, gå tillbaka till det ni först gjorde när ni dejtade.
- Det kan ta mindre än fem minuter om dagen att vara romantisk. Var det!
- Romantik handlar om att uppvakta varandra om och om igen.
- Ta hand om varandras hjärtan innan någon annan gör det.
- Skratt kan läka och göra underverk. Gör roliga saker tillsammans.
- Avstånd i en relation mäts inte i mil utan i ömhet.
- Sex är inte bara ett behov som skall mötas; det är en väg till djupare intimitet.
- Våga prata med varandra om er sexuella relation.

MEDITATION

"Men jag har en sak emot dig: att du har övergett din första kärlek. Kom därför ihåg varifrån du har fallit, och vänd om och gör dina första gärningar" (Uppenbarelseboken 2:4-5).

REFLEKTION

Kärleksfulla handlingar leder till kärleksfulla känslor. Om du och din partner upplever att "gnistan" är borta, fundera över vad ni gjorde när ni först dejtade varandra. Varför upplevde ni sådan attraktion till varandra? Vad var det som fick er att vara så kära i varandra? Börja göra det igen. Om ni inte kan prata om det kan ni, var och en, skriva ner det och börja applicera en sak i taget. Ni kommer sannolikt se att det gör underverk.

| 8 |

ALLT MITT ÄR DITT

Ekonomi i äktenskapet

MONEY, MONEY, MONEY

Ärlighet om pengar är avgörande för tillit i ett äktenskap. Sonya Britt, biträdande professor i familjestudier och programchef för personlig ekonomisk planering, hävdar att argument om pengar är den överlägset bästa prediktorn för skilsmässa - inte barn, sex, svärföräldrar eller något annat - det är pengar för både män och kvinnor.[15] I studien kontrollerades inkomst, skuld och nettovärde. Resultaten avslöjade att det inte spelade någon roll hur mycket man tjänade. Ekonomiska konflikter är alltså inte inkomstrelaterade. Både de som har det tufft ekonomiskt, de som har en medelinkomst och de som har det gott ställt argumenterar om pengar.

Vi vet att pengar är nödvändigt, och har du en familj så är det mycket utgifter och kostnader som skall tas om hand varje månad. Pengar orsakar ofta stress och press på relationen, vilket kan mynna ut i konflikt om det inte hanteras på rätt sätt. Hur du hanterar, pratar om, argumenterar och diskuterar om pengar blir då mycket viktigt. Innan vi går mer in på detta ska vi ta en titt på vad bibeln säger om finanser.

VAD SÄGER GUDS ORD OM PENGAR?

Bibeln har mycket att säga om pengar. Pengar är det ämne som det skrivs näst mest om i bibeln, så det måste betyda att det är ett viktigt ämne. Till exempel står det mer om pengar och ekonomi i bibeln än det gör om bön. Det borde få oss att fundera lite kring varför det är så viktigt och hur vi ska förhålla oss till pengar.

1 Timoteus 6:10 *"Kärlek till pengar är en rot till allt ont. I sitt begär efter pengar har vissa kommit bort från tron och vållat sig själva mycket lidande."*

Bibeln är tydlig med att *kärleken* till pengar är roten till allt ont, inte pengarna i sig. Pengarna *blir* vad personen *är* som håller i dem. När pengar blir en persons högsta mål i livet och det enda han/hon lever för så har man halkat snett och behöver vända om. I 1 Mosebok 2:11-13 beskrivs guldet som gott och 1 Mosebok 13:2 och 24:35 står det att Abraham vara mycket rik på boskap och att Herren välsignat honom. Vi ser genom hela gamla testamentet hur Gud välsignade människor med överflöd. I 5 Mosebok 28 står det tydligt om de välsignelser som ska följa dem som lyssnar till Hans röst och följer Hans bud. I Kristus har du möjlighet att ha en relation med Gud och höra Hans röst. I Kristus har du fullgjort lagens krav för välsignelsen. Det står tydligt att *"Herren ska ge dig överflöd av allt gott"* (vers 11). Salomo skriver att *"Herrens välsignelse ger rikedom..."* (Ordspråksboken 10:22).

I nya testamentet säger Jesus att **Han kom för att ge oss ett liv i överflöd**. I originaltexten betyder det ungefär som att leva på ett högre plan, och detta gäller livets alla områden, inklusive det ekonomiska. I Uppenbarelseboken 4:4 står det att de äldste har kronor av guld, och om vi läser om det nya Jerusalem i kapitel 21 så förstår vi att Gud inte har problem med vare sig rikedom, guld eller pengar. Men det Han har problem med är att pengarna har dig. Det är alltså inte pengar och rikedom *i sig* som är roten till allt ont, men *kärleken* till dem. Hur ska vi kristna då förhålla oss till pengar? Vad säger Guds Ord om detta? Det mest grundläggande i detta sammanhang handlar om hjärtats inställning till Guds ord. **Om Guds ord har den högsta auktoriteten i ditt liv så blir det lättare att göra rätt även när det är svårt**. Du vågar lita på att Gud tar hand om er och era behov, även om det är ibland är utmanande att leva som bibeln lär.

GUD FÖRSER OSS

Ett av Guds beskrivande namn är Jehovah-Jireh (Yahweh Yireh) vilket betyder *Gud förser*. Gud tar hand om oss och vill möta våra ekonomiska behov. I den välkända psalmen 23 skriver

David: *"Herren är min herde, **mig skall inget fattas...**"* Det behöver inte fattas något för er. Jag (Andreas) läste en bok om trosmannen Smith Wigglesworth där han skrev att "om jag ska behöva gå i trasiga skor, då slutar jag predika". Han menade att Gud var fullt kapabel att ta hand om alla hans behov. Vidare skrev han att vi som troende kan förlita oss på Gud i allt, till exempel att Gud även kan ta hand om våra tänder så att vi slipper de stora kostnaderna för lagning. Wigglesworth menade att det handlar om tro - tro på att för Gud är allt möjligt. Om Han kan frälsa våra själar så kan han också förse oss med det vi behöver. *"Sök först Guds rike och hans rättfärdighet så skall allt det andra tillfalla er"* står det skrivet i Matteusevangeliet 6:33. Vad är "allt det andra" i den här versen? Det är helt enkelt det som behövs för att leva. Guds ord säger att vi inte behöver bekymra oss för det. Gud ska ta hand om alla våra behov. Låt oss titta på två andra verser:

Romarbrevet 8:32: *"Han som inte skonade sin egen Son utan utlämnade honom för oss alla, hur skulle han kunna annat än att också **skänka oss allt med honom**?"*

Filipperbrevet 4:19: *"Så ska min Gud efter sin rikedom på ett härligt sätt i Kristus Jesus **ge er allt ni behöver**".*

Det här är några verser som uppmuntrar oss att Gud tar hand om oss och våra behov. Vi behöver inte bekymra oss, utan istället ha tro på Guds löften som är ja och amen i Kristus. Vi behöver våga leva annorlunda och lita på Guds försörjning. Om Gud kunde förse israeliterna mirakulöst när de vandrade i öknen så kan Gud försörja dig mirakulöst nu också, även om det inte är målet. Målet är att du växer i din tro och inte behöver förvänta dig mirakler hela tiden. Han förändras inte - Han är densamme. Gud vill att vi ska ha det bra. Sen kan det absolut finnas säsonger i livet med utmaningar. Men det är säsonger, inget annat. Låt oss med detta i åtanke titta närmre på hur vi som gifta par bör förhålla oss till pengar.

GEMENSAM EKONOMI

Det här kan vara en känslig sak att prata om. De facto att vi lever i ett väldigt självcentrerat samhälle gör det hela inte mindre utmanande. Från första början pratar bibeln om att "de två ska bli ett". För de flesta kanske detta är en självklarhet när det gäller äktenskapet, men inte ekonomin. Det finns människor som behåller sin egen lägenhet ifall äktenskapet inte skulle hålla, trots att de flyttat ihop i en annan. Det finns andra som lägger undan pengar till sig själva ifall det i framtiden skulle bli skilsmässa. Ingen kan riktigt veta hur en relation kommer att utveckla sig, men om man går in i ett äktenskap med en flyktklausul så ökar definitivt inte chanserna att lyckas bygga ett varaktigt äktenskap. Poängen här är att i allra största mån ha en gemensam ekonomi, det vill säga att man är ett även när det gäller ekonomin. Det kan givetvis finnas situationer när detta inte är möjligt, exempelvis om en partner skulle ha problem med spelmissbruk eller överdrivet konsumerande.

För att lyckas i äktenskapet när det gäller ekonomi så behövs tro - tro på Gud som er försörjare, tro på varandra och tro på att äktenskapet bara kommer att bli bättre med åren. Genom att ha en gemensam bibel-grundad syn på ekonomi och finanser så kommer risken för konflikter gällande pengar minimeras. **Precis som med allt annat när det gäller att följa Jesus så handlar det om att göra det i tro.**

Här kommer våra fem bästa ekonomiska tips för gifta par:

FÖRSTA TIPSET: GE TIONDE

Nu vet vi att det finns lite olika tankar kring det här med tionde, men efter alla år vi jobbat med själavård och haft rådgivningssamtal med människor så får vittnesbördet tala högst. När par som vi mött haft ekonomiska problem har vi rekommenderat dem att börja ge tionde, och det har alltid förändrat deras ekonomiska situation. Vi vill alla ha Guds hand och välsignelse över vår ekonomi, för vi vet att även om vi har planerat allt för våra finanser så kan även de bästa planerna gå i stöpet av faktorer som vi inte kan påverka.

Det var en gång en äldre herre som älskade att spela golf, men han var snart 80 år och hans syn var nedsatt. Han hade alltid någon med sig när han gick ut på en runda så att de kunde titta efter hans boll och berätta vart den hamnade. En dag dök hans kompisar inte upp. Det var en vacker dag för golf, och medan han väntade vid klubbhuset blev han mer och mer upprörd över att han inte skulle få spela sin runda. En annan äldre man i klubbhuset såg honom och frågade:"Vad är det för fel?" Mannen förklarade sin situation: "Jag såg verkligen fram emot att spela golf idag. Men jag ser inte så bra längre, så jag behöver någon som tittar efter bollen efter att jag slagit." Den andra mannen var ännu äldre än han, men han sa: "Det är inga problem. Jag åker gärna runt med dig. Jag har 20/20 vision. Jag kan se som en hök. Du slår bara bollen, så ser jag hur den flyger ner för fairway." Så de gick ut på första tee, och gubben slog bollen spikrakt i mitten på fairway (banan). Han vände sig mot sin spotter. "Såg du det?" Mannen svarade: "Jag såg den hela vägen tills den slutade rulla." "Jaha, vart tog det vägen?" Den äldre mannen stannade en stund och sa sedan: "Jag glömde."

Även om allt verkar perfekt kan de bästa planerna fallera. Vi kan planera, spara och investera, men vissa saker kan vi inte råda över. Oväntade saker kan inträffa som påverkar ekonomin drastiskt. Så hur ska ni leva när ni inte är säkra på hur saker och ting kommer att bli? **Sätt Gud först i era liv, även när det gäller era pengar.** Metoden är traditionellt känd som givande av tionde. Tionde kommer från ett fornengelsk ord som betyder "den tionde" och används i den äldre bibelöversättningen *King James Version*. Det innebär att den första tiondelen (10%) av er totala inkomst avsätts till Gud. När ni gör det har ni lagt en grund för att hedra Honom med era pengar.

5 Mosebok 14:23 (TLB) *"Syftet med tiondet är att lära er att alltid sätta Gud först i era liv."* En annan översättning säger; *"......så att du lär dig att frukta Herren din Gud"* (SFB).

Vissa kristna tror att tiondet först instiftades under Mose lag, men det stämmer inte. Tionde går tillbaka till Abraham. Tionde är minst fyrahundra år äldre än lagen. Jakob lovade också, långt före Mose lag kom, att han skulle ge en tiondel av allt han fick till Herren (1 Mosebok 28:22). 1 Mosebok 14:12-17 berättar att Abram precis hade vunnit en stor strid över några kungar och att han, när han vann striden, samlade ihop en stor mängd byte. 1 Mosebok 14:20 *"Och Abram gav honom tionde av allt."* I Matteusevangeliet 23:23 står det: *"Ve er, skriftlärda och fariséer, ni hycklare! Ni ger tionde av mynta, dill och kummin, men försummar det som är viktigast i lagen: rätten, barmhärtigheten och troheten. Det ena borde ni göra utan att försumma det andra".* Jesus säger här att tiondet borde ges utan att försumma det andra och att motivet till givande bör vara rätt.

Prata gärna om tionde hemma, studera bibeln tillsammans och var enade om att ge till Herren det som tillhör Honom. När du ger ditt tionde välsignar Gud de andra 90. **Precis som tillit är grunden för relationen så är tionde grunden för ekonomin**. Vi är övertygade om att tionde är en nyckel till god ekonomi i ett äktenskap. Ytterst handlar det om att sätta Gud först och utbreda Guds rike med delar av era finansiella medel. Frågan blir alltid: hur viktigt är det för er?

ANDRA TIPSET: BUDGETERA

Diskutera och bestäm vad era pengar ska gå till. Prata regelbundet om er ekonomi. Om ni inte kommunicerar och är transparenta kommer pengar förr eller senare kunna bli en källa till argument. **Båda två bör vara delaktiga i målsättningen, planeringen och genomförandet av er ekonomiska strategi.** En budget kan vara fördelaktig för att minimera risken för onödiga konflikter. Med en budget behöver ni båda anpassa er till överenskomna investeringar, besparingar och utgifter etc. **En budget hjälper er att se vart era pengar går.** Många par har liten eller ingen aning om hur mycket de spenderar om de bryter ner det till mat, bensin, barn, nöjen och så vidare. Kommunicera gärna regelbundet om er budget och justera den vid behov för att upprätthålla en god och sund ekonomisk situation och framtid tillsammans. Det finns många hjälpmedel i form av appar och olika digitala tjänster som kan underlätta för er vid budgetering.

Lukasevangeliet 14:28-30: *"Om någon av er vill bygga ett torn, sätter han sig inte först ner och beräknar kostnaden och ser om han kan fullfölja bygget? Annars, om han har lagt grunden men inte lyckas bygga färdigt, kan alla som ser det börja håna honom och säga: Den mannen började bygga men lyckades inte bli färdig."*

Någon sa att **om du misslyckas att planera så planerar du att misslyckas.** Kanske stämmer det. Att planera sina inkomster och utgifter och undvika skuldfällor är bibliskt. När ni sa ja till varandra vid altaret så sa ni också ja till att bli ett kött – ni är ett team. Det innefattar även er ekonomi. Att ha två helt separata ekonomier i ett äktenskap är lite som att leva som två singlar under samma tak. **Lev för varandras bästa** och jobba tillsammans mot en stark ekonomisk situation. Varför är det viktigt? Jo, bibeln undervisar oss om att vara generösa, hjälpa andra, nå ut och predika evangeliet samt, om du har barn, lämna ett arv till dessa. Allt detta kostar, och allt detta involverar pengar.

TREDJE TIPSET: VAR GENERÖS

I Guds natur finns generositet. Vi är kallade att efterlikna Honom. Därför borde vi ha som mål att vara generösa och välsigna andra. Generositet handlar inte om hur mycket du har, men om hjärtats inställning till att dela med sig. I 1 Timoteusbrevet 6:17-19 står det: *"Uppmana dem som är rika i den här världen att inte vara högmodiga eller sätta sitt hopp till något så osäkert som rikedom, utan till Gud som rikligt ger oss allt att njuta av. Uppmana dem att göra gott, att vara rika på goda gärningar, att vara generösa och dela med sig. Då samlar de åt sig en skatt som är en god grund för den kommande tidsåldern, så att de vinner det verkliga livet".* I Ordspråksboken 22:9 kan vi läsa att *"Den som unnar andra gott blir välsignad, för han delar sitt bröd med den fattige."* En generös person tänker inte "allt mitt är mitt" men tänker istället "allt mitt är Hans", det vill säga allt som jag har och äger tillhör Gud. Om Han ber mig ge bort något så är jag lydig - det tillhör ändå inte mig. Allt jag är och har är från Honom (Johannesevangeliet 3:27, Jakobs brev 1:17). När man har ett generöst sätt att tänka kommer man ständigt tänka på hur man kan välsigna andra. Gud själv såg världens behov och Han tänkte ut en generös strategi, nämligen evangeliet - de goda nyheterna. När vi är generösa lovar Gud oss goda konsekvenser. I Psaltaren 112:5 kan vi läsa: *"Det går väl för den som är barmhärtig och lånar ut, som sköter sina saker med rättfärdighet".* Jakobs brev 1:27: *"Men att ta hand om föräldralösa barn och änkor i deras nöd och hålla sig obesmittad av världen, det är en gudstjänst som är ren och fläckfri inför Gud och Fadern".*

FJÄRDE TIPSET: KOMMUNICERA OM PENGAR

Vad är rätt sätt att hantera pengar i er relation? Vad är mitt, ditt och vårt? Hur mycket vill ni spara? Investera? Spendera? Skänka? Skaffa gärna en ekonomisk planerare för att hjälpa er att strukturera upp er ekonomi och skapa en plan för framtiden. Det hjälper er att få saker med rätt perspektiv. Samtidigt hjälper det er att planera och följa er överenskomna budget så att ni kan uppnå det ni önskar. Att vara ett gift par är en stor ekonomisk fördel. Ni kommer att ha dubbel inkomst och kan nå era mål mycket snabbare än om ni gör det var för sig. Forskning har visat att par som pratar om pengar varje vecka är lyckligare än par som inte gör det.[16] Vi rekommenderar att ni har minst ett gemensamt konto när ni gifter er, såvida inte en partner har spelproblem eller allvarliga problem med spendering. Det är bra att komma överens om en viss procentandel eller summa av era individuella löner som kommer att gå in på det gemensamma kontot för boendekostnader, bilkostnader, semester etc. Ett gemensamt konto för en majoritet av era inkomster minskar risken för gräl om ekonomi, vilket är en mycket vanlig orsak till spänningar i äktenskapet och till och med skilsmässa.

FEMTE TIPSET: HA RÄTT FOKUS

Den visaste och rikaste man som kanske någonsin levt, kung Salomo, gav det ekonomiska rådet: *"Den som älskar pengar blir inte mätt på pengar, och den som älskar rikedom får aldrig nog. Också det är förgängligt"* (Ordspråksboken 5:9). Vi bör inte lägga överdrivet fokus på pengar och sätta vår tillit till dem, men istället fokusera på goda gärningar och ha vår tillit till Gud. Det betyder inte att vi ska strunta i pengar. Vi behöver pengar för att leva, och vi bör planera och vara visa med våra finanser. Vi bör investera våra pengar väl så att vi kan leva ett generöst liv och sen lämna ett arv till våra barn och barnbarn: *"Den gode lämnar arv åt barnbarnen..."* (Ordspråksboken 13:22), men vi bör inte ha vårt primära fokus på pengar.

VANLIGA PROBLEM

De vanligaste problemen när det gäller ekonomi som vi har stött på i vårt arbete bland par är följande tre kombinationer:

Spararen och slösaren

När ett par består av denna kombination arbetar de ofta mot varandra genom att försöka ändra den andra personen. Detta orsakar spänningar och konflikter. Försök istället att hitta en "mellanväg" och komma överens om en gemensam budget för era inkomster, utgifter, investeringar och besparingar. Gå tillbaka till era gemensamma ekonomiska mål för er relation, om ni skapat sådana. Ha en viss summa som ni båda individuellt kan göra vad ni vill med. Då kan ni båda få frihet att göra lite som ni vill.

Arbetsmyran och latmasken

När en part arbetar riktigt hårt och vill lyckas i sin karriär och den andra vill göra så lite som möjligt kan spänningar bli ett faktum. Att arbeta minimalt eller vara ovillig att aktivt söka jobb eller skapa en inkomstkälla kommer sannolikt att orsaka oenigheter och stress med avseende på ekonomi. De flesta är överens om att båda parter i ett förhållande ska bidra till de gemensamma hushållskostnaderna, såvida inte andra arrangemang har gjorts (till exempel vid föräldraledighet). Om din partner är lat och inte visar något intresse för att hitta ett arbete, även om du har tagit upp det vid flera tillfällen, bör du ställa krav på din partner. Frågan kommer alltid att vara, hur länge är du villig att "stödja" din partner?

Planeraren och impuls-köparen

Planeraren kommer både att spara och spendera men noga överväga vad han/hon vill köpa. Impuls-köparen kommer att köpa allt som känns bra för stunden. Diskutera vad som är acceptabelt för er båda. För mindre och billigare inköp kan det vara OK att vara en planerare och en impulsköpare, men förmodligen inte när det gäller att köpa en bil eller andra dyra investeringar. Återigen är nyckelordet här att hitta en kompromissande överenskommelse med varandra.

Öppenhet och transparens

En undersökning av CreditCards.com antyder att så många som 7,2 miljoner amerikaner gömmer pengar för sina makar.[17] Det visar att tillit brister i dessa relationer! Ge varandra frihet, men var transparenta när det gäller större mängder pengar.

GULDKORN

- Om Guds ord har den högsta auktoriteten i ditt liv så blir det lättare att göra rätt även när det är svårt.
- En budget ger en överblick över er ekonomi.
- Jobba tillsammans mot en stark ekonomisk situation.
- Om du misslyckas att planera så planerar du att misslyckas.
- Ha som mål att vara generösa och välsigna andra.

MEDITATION

Romarbrevet 8:32: *"Han som inte skonade sin egen Son utan utlämnade honom för oss alla, hur skulle han kunna annat än att också* **skänka oss allt med honom?**"

REFLEKTION

Diskutera med din partner vad ni har för ekonomiska mål för framtiden. Skriv ner målen och fundera över hur ni ska uppnå dessa. Ha i åtanke att ge Gud det som tillhör Honom samt diskutera hur ni kan vara en välsignelse till andra med era ekonomiska medel.

| 9 |

HÅLL KURSEN

Vision och Reflektion

En vision ger en tydlig bild av vart man är på väg och varför. För att nå dit ni önskar behöver ni både definiera en gemensam vision och kärnvärderingar samt sätta upp specifika mål.

EN GEMENSAM VISION

Att ha en gemensam vision är att sätta ord på vad ni vill med er relation och vart ni vill se er själva i framtiden. Låt inte er relation driva mållöst som en båt utan roder på ett stormigt hav, för då kommer den förr eller senare med stor sannolikhet att gå på grund. Prata om vad ni önskar med nuet och framtiden, be över det och skriv ner visionen som en påminnelse. Prata regelbundet om den och be över den. Vi började med vad vi kallar en "vision board" för ett antal år sen och har uppmuntrat andra par att göra detsamma. En vision board är en tavla med foton, bilder och/eller texter som beskriver er vision, hjälper er att fokusera på den och påminner er att be för den. Visionen kan handla om kvaliteten på er relation, att ni önskar tre barn tillsammans, eller vill uppnå finansiell frihet. Låt oss titta på ett exempel. Tänk igenom hur er dröm-relation skulle se ut. Hur skulle ert äktenskap se ut då? Hur skulle ni behandla varandra? Här drömmer ni bara fritt och skriver ner det på ett papper. Det kan vara saker som "en drömrelation är fylld med kyssar och kramar", "en drömrelation är att ha sex varannan dag", "en drömrelation är att kunna kommunicera öppet med varandra" och "i vår drömrelation ber vi tillsammans varje dag." Efter att ni båda har gjort denna övning kan ni sätta er ner tillsammans och titta på varandras listor och försöka komma överens om några gemensamma saker. Skriv ner dem på ett separat papper. Detta kan sen ligga till grund för den vision ni vill ha.

KÄRNVÄRDERINGAR

Kärnvärderingar består av de grundläggande övertygelser en person har; de är starka övertygelser om något som syftar till att vägleda och motivera en genom livet, och de ligger till grund för en persons motiv, beteende, handlingar och beslut. De är ofta kopplade till etik och moral. De hjälper personen att göra de rätta valen i livet enligt de värderingar han/hon har, och blir den typ av liv den personen kommer att leva. Några kärnvärderingar är dina personligen, men om du är i ett äktenskap är det viktigt att **definiera några gemensamma**

kärnvärderingar, särskilt värderingar som rör äktenskapet och familjelivet.

Några exempel på gemensamma kärnvärderingar

- En tro på att familjen är av grundläggande betydelse och har högsta prioritet.
- En övertygelse om att alltid säga förlåt när det behövs.
- En tro på att göra sitt bästa är avgörande.
- En övertygelse om att Gud ska ha en central plats i ert dagliga liv.
- En övertygelse om att leva i sanning och ärlighet utan undantag.
- En tro på att ha en hälsosam livsstil.

Kärnvärderingar kan också definieras med enstaka ord som till exempel lojalitet, ärlighet, positivitet, kärlek, engagemang och generositet. När ni skriver ner era kärnvärderingar kan det vara bra att ni gör det individuellt först och sen kommer överens om exempelvis de fem viktigaste som kan bli era gemensamma kärnvärderingar.

SPECIFIKA MÅL

Specifika mål hjälper er att med kärnvärderingarna som grund uppnå er vision. Skriv ner era individuella listor först, dela dem sen med varandra och kom överens om några gemensamma specifika mål. Målen får gärna vara gjorda efter den allmänt vedertagna S.M.A.R.T-modellen, vilket innebär att målen bör vara specifika, mätbara, accepterade, realistiska och tidsbegränsade. Målen ska helst vara specifika och tydliga. Ni ska kunna mäta era framsteg och kunna veta när målen är uppnådda. Det är en härlig känsla när ni båda har arbetat tillsammans mot något och uppnått det. Om ni båda accepterat era mål är de lättare att uppnå. De bör också vara realistiska. Exempelvis är inte att vinna på lotto ett realistiskt mål, även om en lott inhandlas varje vecka. Tidsbegränsning på målen ger er en känsla av förnöjsamhet att målet är uppnått, och när era mål är uppnådda kan ni göra nya.

Några exempel på framtida mål kan vara:

- Att köpa ett hus inom XX år efter äktenskapet.
- Att planera att ha XX barn inom XX år.
- Att en av er stannar hemma med barnen tills de är XX år.
- Att ta med era äldre föräldrar på en lång resa till en annan kontinent vart femte år.
- Att spara XX kronor årligen till pension fram till pensionsålder.
- Att ge XX kronor till er församling för ett visst ändamål vid en viss tidpunkt.

Andra viktiga saker att diskutera kan handla om vilka förväntningar ni har på varandra. Diskutera saker som hur mycket tid som ska tillbringas tillsammans varje vecka, balans mellan arbete och ledighet, ansvar för barn och hem, tid för dejting och intimitet, sparande och investeringar etc. Genom att göra detta kan ni undvika en del onödiga argument.

SKRIV NER DET SOM ÄR VIKTIGT

Habackuk 2:2-3 "...*Skriv ner synen och gör den tydlig på tavlor så att den lätt kan läsas, för synen väntar ännu på sin tid*". Ett tips är att skriva ner er vision eller era kärnvärderingar som ni kommit överens om på en plats där ni kan se det. Då påminns ni om vad ni siktar mot. Kanske vill ni involvera barnen om det ska gälla er alla. Det kan till exempel se ut så här:

I vår familj ...

...är Jesus i centrum
...talar vi sanning i kärlek
...respekterar vi varandra och varandras tillhörigheter
... hjälper vi villigt varandra

Tänk igenom hur ni vill leva ut er tro. Vill ni skapa en vana att be vid frukostbordet och/eller vid sänggåendet? Är det viktigt för er att gå i kyrkan eller delta i andra sammankomster varje vecka? Är hälsa viktigt för er familj, att äta hälsosamt? Ska ni skapa vanor för träning och utomhusaktiviteter för era barn? Om ja, hur ofta? Hur vill ni uppfostra era barn? Detta inkluderar saker som att uttrycka kärlek, disciplin, husregler, studietid kontra speltid etc. Ni kanske undrar om det är nödvändigt. Ja, om ni vill undvika onödiga argument och konflikter. Naturligtvis kan justeringar göras längs vägen, men de grundläggande sakerna bör diskuteras. Nyckelorden här är **förberedelse och reflektion**. Förbered er så mycket ni kan och fortsätt prata om vad som händer. Vi minns ett par vi hjälpte som var helt förstörda när deras nyfödda barn inte sov på natten och detta orsakade stor spänning i deras relation. Vi frågade dem vad de hade förväntat sig. De hade inte läst en enda bok; de hade inte försökt förbereda sig genom att skaffa sig kunskap om vad man kan förvänta sig med ett nyfött barn. Förberedelser är avgörande för att undvika jobbiga överraskningar.

REFLEKTION

Reflektion är sannolikt en ganska försummad aktivitet i modern tid. Allt förväntas ske utan dröjsmål; snabbmat, höghastighetsinternet, "speed-dating" etc. Det är lätt att bara "köra på" och livet går en förbi utan att man stannar upp för att reflektera. **Reflektion handlar om att återspegla, tänka igenom, överväga och fundera**. Reflektion är att stoppa det du gör och ta dig tid att tänka på ditt liv ur olika aspekter. Du kan ta en liten stund att reflektera över vad som sades i ett samtal tidigare, eller så kan du ta exempelvis några timmar för att reflektera över ditt äktenskap, ditt arbete, din egen karaktär eller dina mål (det kan vara i princip vad som helst).

SYFTET MED REFLEKTION

Syftet är att på allvar tänka efter för att möjligen förbättra vissa saker. Du kan använda reflektion för att göra positiva förändringar i ditt eget liv. Reflektion är "egenvård". Det betyder att du tar lite ledigt för dig själv för att utvärdera ditt liv, få lite självinsikt, hantera dina egna svagheter och glädjas över dina egna framgångar etc. Bjud in Herren att visa dig och tala till dig när du reflekterar. I Psalm 139:23-24 står det: *"Rannsaka mig, Gud, och känn mitt hjärta, pröva mig och känn mina tankar. Se om jag är på en olycksväg, och led mig på den eviga vägen".* Gud vill visa oss områden som vi kan förändra och förbättra. När du vill reflektera bör det göras på en plats där du inte blir störd eller distraherad. Hitta gärna en plats där du kan vara ensam. Du kan ta en promenad i skogen, sitta på en strand tidigt på morgonen eller tillbringa tid ensam i ett rum. Se på det som redan hänt. Finns det behov av förlåtelse, förändringar eller finjusteringar? Se på nuet. Var är du just nu? Är du lycklig i ert äktenskap? Är dina attityder goda? Vad är du tacksam för? Är ditt arbete tillfredsställande? Behöver du släppa vissa saker eller människor i ditt liv? Hur spenderar du din tid? Är du där du vill vara fysiskt? Känslomässigt? Ekonomiskt? Socialt? Andligt? Titta på framtiden i ljuset av det förflutna och nuet. Vilka är de nuvarande sakerna i ditt liv du skulle vilja ändra? Tänk på några lösningar för att ändra vissa saker och skriva ner dem, helst i "steg-för-steg-form" och inom en viss tidsram. Vad har du för framtida mål? Vad behöver du göra för att komma dit? Kom ihåg att du består av ande, kropp och själ, och alla tre delarna behöver uppmärksamhet och omsorg. Balans är nyckeln till ett hälsosamt liv.

REFLEKTERA REGELBUNDET

Det är bra att ta tid för reflektion regelbundet. När du bygger in denna speciella vana i ditt liv kommer du sannolikt att bli en bättre person, och det kommer också att förbättra ditt äktenskap. Reflektera tillsammans som ett par också. Hur är er relation? Hur är det med visionen? Har era gemensamma mål blivit uppnådda? Behöver ni arbeta på vissa områden? Vad kan förbättras? Gemensam reflektion kan minimera onödiga konflikter.

DEFINIERA DITT ANSVAR

Arbeta med din egen karaktär; inte din partners. Det är inte ditt ansvar att "fixa" din partner; det är inte heller din partners ansvar att "fixa" eller ändra dig. **Ta fullt ansvar för dina egna känslor, din karaktär och ditt beteende**. Du kan bara ändra dig själv. När du förändras till det bättre i din egen karaktär och ditt beteende kommer du också att påverka din partner på ett positivt sätt. Fråga dig själv regelbundet: "Vad tror jag att min partner vill att jag ska förändra?" Skriv sedan ner det och arbeta med att ändra en sak i taget.

GULDKORN

- En vision ger er en tydlig bild av vart ni är på väg och varför.

- Kärnvärderingar syftar till att vägleda och motivera er genom livet.
- Sikta på att ha specifika mål enligt S.M.A.R.T-modellen.
- Fundera över vägen du är på och gör förändringar om behov föreligger.
- Reflektera regelbundet.
- Fråga dig själv: "Vad tror jag att min partner vill att jag ska förändra i mitt liv?"
- När du hanterar dina egna svagheter kommer din partner ofta att förändras.

MEDITATION

Psalm 139:23-24: *"Rannsaka mig, Gud, och känn mitt hjärta, pröva mig och känn mina tankar. Se om jag är på en olycksväg, och led mig på den eviga vägen".*

REFLEKTION

Fundera på varsitt håll över er framtid tillsammans. Skriv ner din vision om er gemensamma framtid, äktenskapet, ekonomi, bostad, liv etc. Jämför sedan med varandra och kom överens om minst fem saker som ni kan skriva ner och göra tydliga på en "Vision board". Då kan ni börja be för det, leva för det och förhoppningsvis uppnå visionen.

Reflektera också över ditt äktenskap. Vad är du tacksam för? Vad har varit bra? Vad vill du förbättra? Vad skulle du kunna göra annorlunda? Skriv ner det, be över det och påbörja förändringen i rätt riktning.

EPILOG

Blicka framåt

Vi har kommit fram till att lyckliga och harmoniska relationer som är fyllda med kärlek och romantik inte är skapade av personer som hela tiden kräver sitt eget. De är skapade av personer som sätter sin partner och dennes intressen över sig själva. De uppskattar den andre och sätter honom/henne högre än sig själv och är genuint intresserad av att försöka förstå sin partner och göra honom/henne lycklig. De firar när deras partner lyckas med sina satsningar och de sörjer i tider av förlust eller misslyckande, som om deras segrar eller förluster var deras egna. De skrattar tillsammans i tider av glädje och tröstar varandra i tider av sorg. De ser varandra som viktiga, tar inte varandra för givet och visar varandra stor tillgivenhet och extravagant kärlek.

Slutligen, ha lätt för att förlåta och glöm de saker som ligger bakom. Sträck er istället mot era uppsatta relationsmål och visioner. Kom ihåg att äktenskapet inte alltid kommer vara enkelt, men jobbar ni på er relation med Gud och Guds Ord i centrum kommer ni att övervinna och lyckas på er resa. Och kom ihåg, det är en resa. Njut av den och gör den så romantisk det går.

Var välsignade och lycka till i er relationsresa!
Andreas & Marie Skogvard

REFERENSER

[1] Fisher, Helen. *Anatomy of love, A Natural History of Mating, Marriage, and Why We Stray.* W.W Norton & Company, 2016. Used by permission of Fisher, Helen.

[2] Mehrabian, Albert. *Silent Messages: Implicit communication of emotions and attitudes.* Belmont, CA: Wadsworth, 1981:76-79. Used by permission of Mehrabian Albert. 2

[3] Ford, Henry. *Golden wedding anniversary of Mr. and Mrs. Henry Ford will be celebrated tonight.* The Evening Independent, Apr 12, 1938.

[4] Thompson, Robb. *The Ten Critical Laws of Relationship,* 2005:63.

[5] Luchies, Laura. *Trust and Biased Memory of Transgressions in Romantic Relationships,* Calvin College Center for Social Research, 2013. Used by permission of Luchies, Laura.

[6] 18 U.S Code, Title 18, Part I, Chapter 109A, §2246, Legal Information Institute.

[7] Merriam-Webster. *The Merriam-Webster Dictionary,* 2016. Hämtad 30 oktober 2022 från https://www.merriam-webster.com/dictionary/pornography.

[8] Fagan, Patrick F. *The effects of Pornography on individuals, Marriage, Family and Community.* Marriage and Religion Research Institute, 2009. Used by permission of Fagan, Patrick.

[9] https://mesh.kib.ki.se/term/D007578/jealousy

[10] Harvard Health Publishing. *Giving thanks can make you happier.* Aug 14, 2021.

https://www.health.harvard.edu/healthbeat/giving-thanks-can-make-you-happier#:~:text=Make%20a%20habit%20of%20sending,Thank%20someone%20mentally.&text=It%20may%20help%20just%20to,and%20mentally%20thank%20the%20individual.

[11.] Emmons, R. A., & McCullough, M. E. (2003). Counting blessings versus burdens: An experimental investigation of gratitude and subjective well-being in daily life. *Journal of Personality and Social Psychology, 84*(2), 377 –389. https://doi.org/10.1037/0022-3514.84.2.377

[12.] Chapman, Gary. *The 5 love languages: How to Express Heartfelt Commitment to Your mate.* United States of America, 1992. Used by permission of Moody Publishers.

[13.] Coan, Jim. *Jim Coan and the Hand Holding Experiment.* University of Virginia.

[14.] Harley, Willard F. *His needs, her needs,* 2011. Questionnaire to determine a couple's needs can be downloaded free of charge at marriagebuilder.com. Used by permission of Harley Willard F.

[15.] Britt, Sonya. *Researchers find correlations between financial arguments, decreased relationship satisfaction.* Kansas State University, July 12, 2013. Used by permission of Britt, Sonya.

[16.] TD Bank's Second Annual Love and Money Survey, *TD Love and Money,* 2016:5.

[17.] Survey by CreditCard.com, *7.2 million Americans hiding money from spouses,* CNBC, Jan 21, 2015. Used by permission of Tony, Mecia (survey conductor.)

Bibelverser är tagna från *Svenska Folkbibeln 2015.* Använda med tillstånd från Larsdal, Tony, Svenska Folkbibeln.

www.ingramcontent.com/pod-product-compliance
Ingram Content Group UK Ltd.
Pitfield, Milton Keynes, MK11 3LW, UK
UKHW030639170225
4624UKWH00036B/460